霍米巴巴

Homi K. Bhabha

生安鋒◎著

出版緣起

二十世紀尤其是戰後，是西方思想界豐富多變的時期，標誌人類文明的進化發展，其對於我們應該具有相當程度的啓蒙作用；抓住當代西方思想的演變脈絡以及核心內容，應該是昂揚我們當代意識的重要工作。孟樊教授和浙江大學楊大春教授基於這樣的一種體認，決定企劃一套「當代大師系列」。

從一九八○年代以來，台灣知識界相當努力地引介「近代」和「現代」的思想家，對於知識份子和一般民眾起了相當程度的啓蒙作用。

這套「當代大師系列」的企劃以及落實出版，承繼了先前知識界的努力基礎，希望能藉這一系列的入門性介紹書，再掀起知識啓蒙的熱潮。

孟樊與楊大春兩位教授在一股知識熱忱的驅動下，花了不少時間，熱忱謹慎地挑選當代思想家，排列了出版的先後順序，並且很快獲得生智文化事業公司葉忠賢先生的支持，因而能夠順利出版此系列叢書。

　　本系列叢書的作者網羅有兩岸學者專家以及海內外華人，為華人學界的合作樹立了典範。

　　此一系列書的企劃編輯原則如下：

1. 每書字數大約在七、八萬字左右，對每位思想家的思想進行有系統、分章節的評介。字數的限定主要是因為這套書是介紹性質的書，而且為了讓讀者能方便攜帶閱讀，提升我們社會的閱讀氣氛水準。

2. 這套書名為「當代大師系列」，其中所謂「大師」是指開創一代學派或具有承先啟後歷史意涵的思想家，以及思想理論與創作具有相當獨特性且自成一格者。對於這些思想家的理論思想介紹，除了要符合其內在邏輯機制之外，更要透過我們的文字語言，化解語言和思考模式的隔閡，為我們的意識結構注入新的因素。

3. 這套書之所以限定在「當代」重要的思想家，主要是從一九八○年代以來，台灣知識界已對近現代的思想家，如韋伯、尼采和馬克思等先後都有專書討論。而在限定「當代」範疇的同時，我們基本上是先挑台灣未做過的或做得不是很完整的思想家，做為我們優先撰稿出版的對象。

　　另外，本系列書的企劃編輯群，除了上述的孟樊教授、楊大春教授外，尚包括筆者本人、陳學明教授、龍協濤教授以及曹順慶教授。其中孟樊教授為台灣大學法學博士，向來對文化學術有相當熱忱的關懷，並且具有非常豐富的文化出版經驗以及學術功力，著有《後現代的政治認同》（揚智文化公司出版）、《當代台灣新詩理論》（揚智文化公司出版）、《大法官會議研究》等著作，現任教於台北師範學院台灣文學所；楊大春教授是浙江杭州大學哲學博士，目前任教於浙江大學哲學系，專長西方當代哲學，著有《解構理論》（揚智文化公司出版）、《德希達》（生智文化公司出版）、《後結構主義》（揚智文化公司出版）等書；筆者本人目前任教於政治大學東亞所，著有《馬克思社會衝突論》、《晚期馬克思主義》（揚智文化公司出版）、《中國大陸學》（揚智文化公司出版）、《中共研究方法論》（揚智文化公司出版）等書；陳學明先生是復旦大學哲學系教授、中國國外馬克思主義研究會副會長，著有《現代資本主義的命運》、《哈貝瑪斯「晚期資本主義論」述評》、《性革命》（揚智文化公司出版）、《新左派》（揚智文化公司出版）等書；龍協濤教授現任北京大學學報編審及主任，並任北大中文系教授，專長比較文學及接受美學理論，著有《讀者反應理論》（揚智文化公司出版）等

書；曹順慶教授現爲四川大學文學與新聞學院院長，專長爲比較文學及中西文論，曾爲美國哈佛大學訪問學人、南華大學及佛光人文社會學院文學所客座教授，著有《中西比較詩學》等書。

　　這套書的問世最重要的還是因爲獲得生智文化事業公司總經理葉忠賢先生的支持，我們非常感謝他對思想啓蒙工作所作出的貢獻。還望社會各界惠予批評指正。

李英明

序於台北

感謝恩師王寧教授對我的幫助與鼓勵！

寫在邊緣

　　邊緣是最容易被忽視的地帶，邊緣人是最容易受漠視的群體。但《聖經・啟示錄》中有上帝的聲音在說：「……我是始，我是終。我是阿拉法，我是俄梅戛……」。在這裡，「邊緣」是最高權威的象徵，是創世與滅世、開始一切和結束一切的宇宙第一動力。霍米・巴巴（Homi K. Bhabha）主編的《民族與敘事》於1990年出版，開篇是巴巴的〈引言：敘述民族〉，最後是巴巴的重要論文〈播撒民族：時間、敘事和現代民族的邊緣〉，這也是編書的慣例。但是有論者指出，閱讀該文集要從巴巴的〈引言〉開始、再以巴巴的壓軸性文章結束，是頗具諷刺意味的，因為該文本居於優勢地位的「邊緣」——開頭和結尾——都被巴巴的寫作所占據[1]。在這裡，邊緣又似乎成為一處惹人豔羨、招人非議的「定位」了。對於後殖民主義而言，被邊緣化的少數族生存苦境是後殖民論者持續抨擊撻伐的直接動因，而邊緣性視角又悖論地為他們所珍視，巴巴有言：「最真的

眼睛屬於移民的雙重視界。」[2]無論如何，筆者畢竟是動筆編寫這本小冊子的人，抱著對讀者負責的態度，如果不在「邊緣」對本書的大概做一簡單的交代，是說不過去的。請人代序也不是沒有考慮過，但筆者自忖本書淺陋，代序者即便不好推辭，勉強爲之，我心裡也實在不安得很；並且給人的感覺，像個街頭乞丐戴了一頂高貴的禮帽。思來想去，還是自己動手，不要藉名家鍍金的好。

　　後殖民主義是世紀之交學術研究中最受人關注、擴展最迅速的文學和文化理論思潮之一，從二十世紀七〇年代末開始興盛，至今已有二十多年的歷史，在世界範圍內，對（歐美經典）文學批評和文學史研究帶來了革命性的影響。牛津大學文學批評家楊（Robert J. C. Young）用基督教中指稱聖父、聖子、聖靈的「聖三一」（Holy Trinity）來指代三位來自亞洲、客居英美的後殖民理論主要創始人和代表性闡發者薩伊德（Edward W. Said）、史碧娃克（Gayatri C. Spivak）和霍米·巴巴。喻三人雖然理論「位格」不同，皆獨立支撐起一片清理後殖民殘局的天空；但基本宗旨頗爲一致，都意在解構帝國主義的殖民主義傳統經典之神話、消解西方中心論及其二元對立、揭穿西方現代性的進步性和普世性的面具、重建底層民眾和「少數族」的主體性並幫助他們發

出自己的聲音。

　　1990年由巴巴主編的《民族與敘事》出版，1993年出版個人論文集《文化的定位》，在世界範圍內引起了極大的回響，對世界上幾乎所有從事文化研究的學者專家提供了廣闊的討論空間。但在海峽兩岸，人們對薩伊德和史碧娃克的關注與了解似乎更多一些，薩伊德的「東方主義」、「文化帝國主義」曾經成為學界的口頭禪，研究薩伊德的大部頭專著赫然列在圖書館的書架上；史碧娃克的各種讀本和有關她的評論集也可以在書店裡找到。相比之下，人們對巴巴的關注似乎太少了。對巴巴的文集專著尚沒有整本翻譯，只翻譯了幾篇文章；對巴巴的理論只有零散的介紹和述評，缺乏系統而深入的研究，對其主要理論思路也缺少精確的把握，對巴巴最近的研究動向和關注領域更是一片茫然。這是學界引以為憾的事，也是筆者選擇本研究課題的主要動因。

　　本書在第一至三章先從宏觀上勾勒了發展並興盛於西方學界的後殖民理論的背景狀況；探析了與後殖民主義密切相關的重要概念如殖民主義、新殖民主義、第三世界、後現代主義、全球化、民族主義等，試圖在對照中彰顯後殖民主義的內涵，加深對它的理解；並簡要地回顧了巴巴的生平、教育及對他的理論成長產生重要影

響的人物（如法農、薩伊德）和思想（如精神分析理
論、女性主義）等，意在使讀者能夠更加深入地認識巴
巴思想的淵源和成長環境。第四到八章是主體部分，詳
細探討了巴巴重要的後殖民理論和批評實踐，述評了巴
巴的民族敘事觀和文化定位觀，對巴巴的主要理論概念
如矛盾狀態、模擬、混雜性、少數族化、世界主義等，
做了較為細緻的梳理。第九到十章主要討論了巴巴理論
中及其在闡釋方式、闡釋過程中出現的問題，如語言
的、方法論的、論證邏輯的、概念上的種種問題，以及
對文本的後現代式沉迷和對現實的無睹等。結語部分主
要結合巴巴等學者的後殖民理論與批評實踐中出現的問
題，分析了後殖民主義如何能夠更充分發揮其文學、文
化的批評功能，走出目前所面臨困境的可能出路，以及
後殖民主義在中國的傳播、流變與引發的問題。

　　筆者在編寫這本小冊子的過程中遇到了不小的困
難。巴巴的文章語言晦澀，好用大詞難詞，喜歡玩弄文
字遊戲（如頭韻、尾韻、同音字或近音字、雙關語
等），賣弄文才；理論的來源與運用也十分雜蕪，加上
國內資料缺少，無形中為本書的寫作增添了很多困難。
阿皮亞（Kwame A. Appiah）曾經深有感觸地說：「如
果試圖解釋、總結或簡化一個像巴巴這樣精確而複雜的
作者，是要冒很大風險的。」[3] 又有論者說，巴巴既拒

絕系統化自己的論點，也拒絕系統化他人的，故而讀者
既無法在清楚易懂的敘述中定位其路徑，也無法追蹤巴
巴的概念性疆域；巴巴的作品之所以難，就是因為它既
抵制總結也拒絕概覽[4]。因此我們所面臨的困難和兇
險，也就可想而知了。風險自然是有的，就像第一次做
任何事情。這是嘗試者必然要付出的代價，但這種代價
是意料之中的、也希望是有價值的；而阻力也可以成為
動力。考慮到學界在解讀和運用巴巴理論中，由於對巴
巴理論的一知半解又急於試用而出現的一些失誤、甚至
是嚴重的歪曲，考慮到巴巴理論在世界文壇上有增無減
的影響力，也考慮到後殖民理論對中國文學理論批評界
可能產生的有益促動與刺激，筆者認為確實有必要將巴
巴的後殖民研究和批評盡可能全面地介紹進來。如果本
冊小書能夠在某種程度上滿足了這樣的需要，這當然是
筆者的最大欣慰，也是很多學者的期望；如果不能滿足
這樣的需求，則可歸咎於筆者的疏淺，懇望讀者多多批
評指正；權當拋磚引玉，希望早日出現更全面、更深刻
的研究巴巴理論的力作，以填補對原創後殖民理論家闡
發不利的空缺。

　　真正的「邊緣」書寫，不僅僅是一種學術時髦，也
不僅僅是一種另類姿態。在邊緣處書寫，既是真正的知
識份子的不懈追求，也是他們無可奈何的宿命。於是，

有人試圖「走向邊緣」，有人聲稱要「在邊緣處追索」。

邊緣其實也不具有固定的邊緣性，而是被置於邊緣和中心之交界線上[5]，處於中心與邊緣之間那塊不確定的模糊地帶。邊緣的發聲可能受到大眾的譏笑嘲諷，也可能被主流窒息消音，鎖上沉重的鐐銬，但真正的邊緣聲音不能迴避切實的責任，也無法逃脫對真理烏托邦的追尋。

生安鋒

於北京西三旗

註釋

1 Ian Baucom, "Narrating the Nation," *Transition*, Vol. 0, Issue 55 (1992), p. 152.

2 Homi Bhabha, "Life at the Border: Hybrid Identities of the Present," *New Perspective Quarterly*, 14: 1 (Winter 1997), pp. 30-31. Refer also to Homi Bhabha, "Introduction: Locations of Culture," *The Location of Culture* (London and New York: Routledge, 1994), p. 1. Hereafter abbreviated as "LC" in the text.

3 Kwame Anthony Appiah, "The Hybrid Age?" *TLS*, May 27, 1994, p. 5.

4 Gillian Rose, "The Interstitial Perspective: A Review Essay on Homi Bhabha's *The Location of Culture*," *Environment and Planning D: Society and Space*, Vol. 13 (1995), p. 365.

5 Gillian Rose, "The Interstitial Perspective," p. 368.

目　錄

第一章
後殖民理論崛起之背景

一、本課題的研究現狀與意義

　　後殖民主義作為一種學術思潮及文學和文化批評方法，如果從二十世紀七〇年代末算起，至今已有二十多年的光景，但仍舊是當下學術研究中最有影響力、擴展最迅速的領域之一。後殖民主義是一種多元文化理論，主要研究直接的殖民統治時期結束之後，原宗主國與原殖民地之間的文化話語權力關係，以及有關種族主義、文化帝國主義、國家民族文化、文化權力身分等新問題。其源頭是文學和文化的研究，但卻廣涉一系列學科，因而具有廣泛的跨學科性特徵[1]。到阿什克羅夫特（Bill Ashcroft）等合著《逆寫帝國》（1989）時，這個詞主要被用來描述從殖民化時期到現階段（歐洲）帝國統治過程對文化的所有影響。現在的「殖民話語分析」已經跨越了諸多學科領域的範圍，這些學科包括人類學、政治經濟學、哲學、史學、科技史、法律史、藝術史甚至旅遊研究、語言教學、醫學等。

　　後殖民理論思潮與當代西方許多流行的理論話語都

有著錯綜複雜的關係，它使比較文學和文化研究得以融爲一體，尤其是在探討與帝國主義和殖民化相關的課題方面顯示出基本一致的方向：如權力、歷史、宰制、霸權、文化、顚覆、經濟、女性、媒介、差異、種族、壓抑等。同時它對傳統的經典文學起著強烈的解構和消解中心的作用，並著眼於差異政治、關注少數族裔的政治、經濟及文化利益，致力於使廣泛意義上的第三世界文學和批評發出自己的聲音。我們應對這一思潮崛起的理論背景進行恰當的解讀，以便恰如其分地選擇以怎樣的文化身分來參與中國／台灣語境下的後殖民理論討論；或在一個全球語境下與國際學界就後殖民問題以及相關的文化問題進行有效的對話。

　　霍米·巴巴（Homi K. Bhabha）是著名的後殖民話語「聖三一」中的重要一員，是後殖民批評理論的主要代表性人物，現任哈佛大學安·羅森柏格英美文學及語言講座教授。巴巴似乎著述不多，1990年出版由他主編的《民族與敘事》（*Nation and Narration*）；1993年出版個人論文集《文化的定位》（*The Location of Culture*），但就是這兩部書，尤其是後者，在全世界引起了巨大的回響，包括對他的激烈批評與爭議。對世界上幾乎所有從事文化研究、尤其是後殖民理論研究和後殖民批評的學者專家提供了討論的廣闊空間，甚至是直接的理論工

具和方法論。薩伊德（Edward Said）、阿什克羅夫特、霍爾（Stuart Hall）和伊戈頓（Terry Eagleton）等著名學者及思想家紛紛盛讚巴巴的學術成就。自此巴巴在全球作爲後殖民主義原創者的地位得以確立和鞏固。近年來，巴巴活躍在國際文化研究領域，往來於美、歐、亞、澳、非各大洲之間，在全球的文學與文化學術論壇上發揮著越來越顯著的作用。

　　筆者試圖將巴巴的理論建樹置放在後殖民研究的興起、文化研究的大背景下，分析作爲後殖民理論原創者之一的巴巴崛起的歷史環境；結合巴巴的身世、教育及生活和工作經歷等因素，探究巴巴理論的成因與脈絡；剖析其對世界後殖民理論發展的貢獻，揭示其弱點及有待商榷之處；試圖爲結合中國語境的實際，觀察後殖民理論、尤其是巴巴理論的傳播與運用，爲當下本土的文化研究指出一條切實可行的研究路向。

二、後殖民理論回顧與綜述

　　有人曾經指出：「如果說碎片化是八〇年代的代

碼，那麼混雜性就是九〇年代的代碼；如果說不可通約
性是八〇年代的口頭禪，那麼間隙性就是九〇年代的口
頭禪」[2]，而「混雜性」和「間隙性」等用語，一看便
知道是典型的後殖民批評術語和概念。二十世紀九〇年
代無疑是後殖民批評的高潮期，那麼後殖民主義出現於
何時呢？後殖民理論或者後殖民批評話語是從什麼時候
開始的呢？

(一) 興起與發展

對於後殖民主義興起的時間，國內外學術界均有不
同的看法。王寧、王岳川等學者認為後殖民主義一般在
十九世紀後半葉就已萌發，而在1947年印度獨立後發展
為一種新意識和新理論。其理論自覺和成熟是一九七〇
年代末、尤以薩伊德的《東方主義》（1978）出版為標
誌[3]。宋國誠認為後殖民主義是出現於二次大戰後民族
獨立時代和「全球化非殖民」背景下的一種新文化趨勢
和知識典範。它起源於二十世紀六〇年代，與當時的黑
人解放運動、女性主義、拉丁美洲後現代文學和伊斯蘭
復興運動有密切的關聯。隨後，後殖民主義透過與後結
構主義、後佛洛依德主義、新馬克思主義、後現代主
義、新歷史主義等理論的「嫁接」，以解構主義為基本

的論述策略，到八〇年代發展成為當今最前沿的人文學科[4]。

　　學界一般認為後殖民主義源於二十世紀五〇、六〇年代的反殖民主義論述，七〇年代末在西方文論界和文化界興起，八〇年代進入流行，後殖民理論的主要闡釋者包括薩伊德、史碧娃克、巴巴和艾哈邁德（Aijaz Ahmad）等。自二十世紀中葉至今，後殖民主義的發展大致經過了三個階段：第一，以法農1952年出版《黑皮膚、白面具》（*Black Skin, White Masks*）一書是其起點；第二，以薩伊德於1978年發表《東方主義》一書為標誌，後殖民主義廣泛引起東西方學術界的爭論和重視；第三是進入理論建設階段。後殖民主義思想開始滲透影響社會學、國際關係、比較文學、種族和性別研究、文化人類學、後現代美學、藝術、戲劇、電影等領域[5]。2000年出版的由阿什克羅夫特「三人幫」主編的《後殖民研究關鍵概念》指出後殖民主義一詞最初在二次大戰後被歷史學家使用於像「後殖民國家」之類的術語中，因此，「後殖民」起初有一種明確的時間順序意義，意指獨立之後的時期；而從一九七〇年代晚期，隨著諸如薩伊德的《東方主義》之類的文本開始，該術語被文學批評家用來討論殖民化所產生的種種後果與影響，並最終發展出史碧娃克和巴巴等批評家的「殖民主

義話語理論」[6]。

　　吉爾波特認為後殖民主義既曾標示過一個紀年意義
上的轉折關頭，也標示了一場政治運動以及一場知識份
子的活動。不進行確切的年代劃分是後殖民主義的特點
之一。至於「後」字，它可以指種族隔離、瓜分和占領
的終結，它暗示著撤退、解放和重新統一。但是，非殖
民化其實是一個漫長、崎嶇的歷程。後殖民主義實質上
應該是一個以對所謂進步的懷疑為特徵的時期。這個時
期西方取得了文明進步，而世界上其他地方則是發展被
箝制，資源被剝削，民眾被奴役。以進步和歷史前進的
名義所做的這一切其實可被看作是後退、墮落和反動。
吉爾波特認為定位後殖民主義的一種方法是把它置於馬
克思主義和存在主義之間，因為許多論者都把政治激進
主義融入一種法農式的新人道主義（new humanism）。
另一種方法是把它置於文學研究與文化研究之間。後殖
民主義作為一個向來具有浮動性、雜糅性、遷徙性的學
術研究領域，只能被貼上種種「介於」的標籤——介於
理論和實踐之間、介於文學研究和文化研究之間、介於
馬克思主義和存在主義之間、介於局部和普遍之間、介
於個體與公共之間、介於自我與民族之間[7]。

（二）理論溯源

關於後殖民理論的成因，王寧曾做出深刻的觀察：
它從斯本格勒的「西方的衰落」那裡獲取一些靈感，繼
續從帝國內部進行解構；從德希達那裡獲取了解構主義
的理論與閱讀策略，對一些後殖民文學作品進行重讀，
從而對既定的經典進行重構；它還借鑑了巴赫金的對話
詩學，成為多元文化語境中的「少數人」的話語發出
者；它的馬克思主義批判鋒芒則在於從葛蘭西那裡獲取
了「文化霸權」理論，從傅柯那裡提取了「話語」理論
和「權力」理論，對帝國中心的文化霸權主義進行抨擊
[8]。如史碧娃克將德希達的解構主義理論、阿圖舍
（Louis Althusser）的結構馬克思主義與女性主義融合起
來，展開獨具特色的後殖民分析與批評；而巴巴則借重
佛洛依德、拉岡和法農等人的精神分析理論，注重從符
號學與文化學層面展開後殖民批評。後殖民主義理論的
直接的理論語境是殖民地與帝國主義的關係，其直接來
源是後結構主義，而後結構主義思潮就是六〇年代西方
社會與文化動盪與變化在知識界的反映[9]。

（三）主要論述者

我們所熟知的後殖民理論的主要論述者包括薩伊
德、巴巴、史碧娃克、艾哈邁德等。卡伍瑞（Anandam
P. Kavoori）試圖對後殖民研究領域的主要「玩家」做出
分類。第一組也是最早使用該術語的一組是居於美國的
比較文學理論家——薩伊德、史碧娃克、巴巴，在他們
的著作中，「後殖民」文學替代了「第三世界文學」。
第二組是在澳洲和印度的大學內的「底層研究」學派，
他們鼓吹並致力於發展一種底層視角的另類印度撰史
學，來取代現存的菁英主義的撰史學，關鍵人物是古哈
（Ranajit Guha）、查特基（Partha Chatterjee）和潘第
（Gyanendra Pandey）。第三組是在美國的「第三世界」
女性主義者，他們使用「後殖民」一詞來代替傳統的三
個世界和民族國家的分類範疇，重要人物包括史碧娃
克、馬尼（Lata Mani）和莫漢蒂等人[10]。

（四）主要議題

1999年，阿布拉姆斯將「後殖民研究」
（postcolonial studies）定義為：對專門指向英國、西班

牙、法國和其他歐洲帝國主義霸權的前殖民地的歷史、
文化、文學和話語模式所作的批判性分析。阿布拉姆斯
認為，後殖民研究領域在迅速擴張，雖然它並非是一個
有著清晰的方法論的統一運動，但還是能夠識別出幾個
關鍵性的、反覆出現的議題：(1)對西方帝國主義主子敘
事的拒棄，並代之以一種反敘事。在這種反敘事中，殖
民地文化發起反攻，直搗由歐洲人撰寫的世界歷史；(2)
持久關注西方話語實踐內殖民及後殖民「主體」的形
構，以及這一主體藉以構想自身並觀察自身生活行為世
界的範疇；(3)後殖民議題中一個主要的因素是推翻歐洲
的文學和藝術價值模式，並將文學經典加以擴展，包含
殖民地作家和後殖民作家[11]。

　　羅永生認為當前的後殖民研究，突出探討和展示了
殖民論述和反殖民論述的內在矛盾。這些研究所挑戰
的，既是殖民者過去以其自詡的文化使命、企圖全面駕
馭和改造被殖民者的文明大計的失敗，也暴露出民族主
義試圖重拾被殖民者失去的自我時，所面臨的困惑和陷
阱，它們包括殖民論述和民族主義論述都往往遺忘及排
擠掉的多元文化、離散、混雜、流亡等的曖昧與矛盾的
經驗。它們共同體現了中心與邊陲、殖民與被殖民、帝
國與本土等化減的二元對立圖式所具有的缺陷。而後殖
民研究的真正的動力，就是去重新解讀殖民歷史，清理

各種各樣殖民主義在文化、心理、意識形態、概念術
語、想像結構等，以透過形象、文本、政策和體制，在
新的全球環境下延衍再生，以打破殖民話語構成所主導
的意象[12]。

後殖民主義理論突出文化殖民與文化壓制等問題，
這與列寧、阿明（Samir Amin）等人的殖民主義批判有
所不同。政治、經濟和社會領域裡的一切活動，都不得
不借助西方的現代語言、文化和思想來實現，因此任何
企圖擺脫和反抗西方文化和思想的行為，都首先悖論地
受到西方思想的啓發和制約。後殖民主義最關心的是西
方國家內部的文化系統如何對非西方文化實行殖民化。
劉康等學者看到，現代西方的知識體系一向標榜學術的
理性、客觀、獨立和自由探索的精神，而後殖民主義卻
敢於向這些學術的根本原則提出挑戰。後殖民理論的批
判對象是西方對東方的文化再現過程中包含的「認識論
暴力」。西方對東方的文化霸權和知識暴力大致上有三
個方面。第一是西方如何在認知上再現或者歪曲東方
（史碧娃克）；第二就是潛意識方面和心理上的殖民
化，如巴巴就特別強調心理因素在再現過程中的重要作
用，他從精神分析的角度出發，提出心理和主觀意識的
混雜性。第三就是知識機構、知識建制的問題，如對出
版、學術研究、媒體、教育、娛樂等的控制等，如薩伊

德運用傅柯的理論，對權力和機構在知識產生過程中的重要作用有過精彩的論述。後殖民主義所關心的這三個問題，又體現了它的基本理論來源：後結構主義和解構主義、精神分析理論、西方馬克思主義[13]。

（五）「後殖民主義」一詞所引發的爭議

　　阿什克羅夫特等學者指出由於後殖民主義被廣泛用來指稱前歐洲殖民地政治、語言和文化諸方面的社會經驗，因此，該術語從一開始就是一個潛在的容易引發爭議的概念。首先是中間連字號的有無所隱含的意義。後殖民話語理論的主要代表和宣導者對於後結構主義影響的嚴重依賴，致使很多不僅關注殖民主義歷史狀況的話語權力而且也關注其物質性後果的批評家們堅持加上連字號，以突出後殖民研究（post-colonial studies）是有別於殖民話語理論（colonial discourse theory）的一個不同的領域，有連字號的是一種「抗衡性後殖民主義」，而無連字號的則是一種「共謀性後殖民主義」，是「構成殖民主義過程的產物，只是有著不同的變化而已」，這裡的「變化」就是殖民主義侵略從領土空間到文化和意識形態空間的轉型[14]。雖然有人堅持這種拼寫上的區別，但這「兩種」後殖民主義（post-colonialism/

postcolonialism）卻有很多重疊交織之處。一般來講，後
殖民主義現在被用來廣泛地指涉涵蓋對下列議題的研究
和分析：歐洲的領土征服、歐洲殖民主義的各種建制、
帝國的話語運作、殖民話語中主體建構的細微變化和這
些主體的抵抗，以及在獨立前和獨立後國家和社會中對
這種侵犯及其當代殖民地餘續的不同反應。

　　其次，該術語的前綴「後」（post）也是引起批評家
們激烈爭論的原因之一。將「後」簡單地解釋為殖民主
義「之後」這種做法受到反對，有人提出要對後殖民文
化的運作進行更加詳盡的理解，後者強調從政治上定義
的歷史時期——前殖民文化、殖民文化和後殖民文化
——的種種發聲。職是之故，又有人進一步提出是否該
對該術語加以限制[15]。在最近的論述中，後殖民主義主
要被用來檢視從十六世紀的歐洲殖民主義直至現今的新
殖民主義之過程和影響以及對其做出的反應，這一點是
非常明確的。

　　第三，斯萊蒙（Stephen Slemon）指出，「後殖民
主義」被用於各種領域中來描述一套極為異質性的立
場、專業領域和批評事業：「它被當作一種對西方歷史
主義的整合性形式進行排序的方法；它被當作指稱重組
後的『階級』概念的一個多用術語；當作既是後現代主
義又是後結構主義的一個子集；當作本土主義渴望獨立

後民族凝聚之狀況的名稱；當作殖民主義權力之碎裂
的、矛盾的話語的不可避免的內裡；當作『閱讀實踐』
的一種對抗性形式；並且還被當作一類『文學』活動的
名稱，它迸發自正在『英聯邦』文學研究內運行的一種
新的、備受歡迎的政治能量」[16]。然而該詞仍舊時不時
地被用來直接指「反殖民」、並被用作「獨立後」（post-
independence）的同義詞[17]。我們由此可以看出，後殖民
主義一詞在其起源地也是矛盾重重、充滿爭議的。這就
提醒我們，在使用後殖民理論時，不能照搬照抄，而要
分析其後結構、後現代的理論背景，探究它的歷史現實
因素，結合當地的（新）殖民主義後果，讓後殖民主義
理論發揮其應有的理論作用。

註釋

1 根據艾哈邁德的說法，「後殖民」一詞是一九七〇年代前期在政治理論中第一次使用，用以形容第二次世界大戰後擺脫了歐洲帝國束縛的國家的尷尬處境。

2 Seyla Benhabib, "Sexual Difference and Collective Identities: The New Global Constellation," *Signs: Journal of Women in Culture and Society,* 24: 2 (Winter 1999), p. 336.

3 王寧，《超越後現代主義》（北京：人民文學出版社，2002），頁36；王岳川，《後殖民主義與新歷史主義文論》（濟南：山東教育出版社，1999），頁10；姜飛，〈後殖民理論探源〉，《文藝理論與批評》，2001，期5，頁61-65。

4 宋國誠，〈後殖民理論在中國——理論旅行及其中國化〉，《中國大陸研究》，2000，卷43，期10，頁5。

5 宋國誠，〈後殖民理論在中國〉，頁8-9。

6 Bill Ashcroft, Gareth Griffiths, and Helen Tiffin, eds., *Post-Colonial Studies: The Key Concepts* (London and New York: Routledge, 2000), pp. 186-192.

7 巴特·莫爾—吉爾波特等編，楊乃喬等譯，《後殖民批評》，（北京：北京大學出版社，2001），頁49-54。

8 王寧，《後現代主義之後》（北京：中國文學出版社，1998），頁52。

9 劉康、金衡山,〈後殖民主義批評:從西方到中國〉,《文學評論》,1998,期1,頁149。

10 Anandam P. Kavoori, "Getting Past the Latest 'Post': Assessing the Term 'Post-Colonial'," *CSMC (Critical Studies in Mass Communication)*, 15 (1998), p. 196.

11 M. H. Abrams, *A Glossary of Literary Terms*, 7th edition (Boston: Heinle & Heinle, 1999), pp. 236-237.

12 羅永生,〈專輯導言:解殖與(後)殖民研究〉,香港嶺南學院翻譯系「文化/社會譯叢」編委會編,《解殖與民族主義》(香港:牛津大學出版社,1998),頁153-154。

13 劉康、金衡山,〈後殖民主義批評:從西方到中國〉,頁149-150。

14 Vijay Mishra and Bob Hodge, "What is Post(-)colonialism?" *Textual Practice*, 5 (1991), p. 407.

15 Aijaz Ahmad, "The Politics of Literary Postcoloniality," *Race and Class*, 36: 3 (1995), p. 9.

16 Stephen Slemon, "The Scramble for Post-colonialism," in C. Tiffin and A. Lawson eds., *De-scribing Empire: Postcolonialism and Textuality* (London: Routledge, 1994), pp. 16-17.

17 Bill Ashcroft, et al. eds., *Post-Colonial Studies*, pp. 186-192.

第二章
後殖民主義語境與概念辨析

在本章中，筆者將把後殖民主義這一概念置於它產生於其中的、也是密切相關的語境中，進行簡要的概念辨析，試圖釐清這些聯繫緊密的、有時甚至意義交疊的名詞之間的錯綜複雜的脈絡，爲更加深刻全面地理解與闡釋後殖民主義的產生和形塑做一鋪墊。這些概念主要包括殖民主義、新殖民主義、第三世界、後現代主義、全球化、民族主義、帝國主義和女性主義等。因此本章的重點不在於面面俱到地闡釋上述諸概念，而是把它們作爲闡釋後殖民主義的一種背景與比較，在對照中彰顯後者的意義和內涵，意在加深對這一概念的理解和思考。

一、殖民主義、新殖民主義與　　後殖民主義

殖民主義、新殖民主義和後殖民主義在時間上大致有一種順承關係，簡單地說，帝國主義西方對非西方國家最早進行軍事占領和殖民，是殖民主義時期；二次大戰以後民族獨立運動興起，西方轉而使用政治控制與經濟剝削相結合的方法轄制非西方國家，這是新殖民主義

時期；但二十世紀七〇年代以降，西方對非西方的控制
和影響主要靠意識形態灌輸與文化知識優勢，是爲後殖
民主義時期。

　　那麼到底什麼是殖民主義呢？殖民主義迄今已有四
百年的歷史，是「在資本主義發展的各個階段，資本主
義強國壓迫、奴役和剝削落後國家，把它變成爲自己的
殖民地、半殖民地的一種侵略政策」[1]；是「資本主義
強國對力量弱小的國家或地區進行壓迫、統治、奴役和
剝削的政策。殖民主義主要表現爲海外移民、海盜式搶
劫、奴隸販賣、資本輸出、商品傾銷、原料掠奪等」
[2]。因此，殖民主義是帝國主義的產物，殖民不但指移
民，也指資本主義國家把經濟政治勢力擴張到不發達的
國家地區、掠奪當地資源、奴役當地人民。殖民地則被
宗主國當作軍事戰略基地，也當作傾銷商品、掠奪原料
與勞動力和資本輸出的場所。二次大戰期間，殖民地人
民紛紛舉起民族旗幟，強烈要求擺脫帝國主義的殖民統
治，並最終一一獲得了政治獨立。但是，這種形式上的
獨立並不標誌著殖民地人民和新獨立的民族國家眞正能
夠在政治、經濟、文化、教育等各個領域獨立自主。在
殖民主義土崩瓦解之時，殖民主義者爲了保護既有利
益，千方百計對獲得政治獨立的國家地區繼續進行控制
與干涉，繼續保持新興民族國家對原宗主國的依附，維

持舊的國際不平等和舊秩序。新殖民主義是殖民主義在新的歷史條件下的延續。新殖民主義也被廣泛用來指涉任何形式的對前殖民地的控制[3]。

　　新殖民主義與殖民主義在本質上是一樣的，都是資本主義的產物、是資本主義性質的體現，只是形式有所不同而已。殖民主義進行直接的殖民統治，新殖民主義則是間接殖民統治。殖民主義主要採取武力征服和暴力壓迫的方式，在對殖民地或附屬國實行政治吞併的基礎上進行各種掠奪與奴役。新殖民主義則是採取各種隱蔽的方式進行間接支配，達到控制、干涉與掠奪落後國家和地區的目的。當然，新殖民主義在一定情況下也會採取赤裸裸的武裝入侵的手段（如美國多次發動干涉性侵略戰爭）。從戰後到二十世紀七〇年代新殖民主義盛行一時，但隨著民族國家的不斷發展壯大和持續反抗，新殖民主義逐漸受到遏制；到八〇年代末九〇年代初，蘇聯東歐巨變，冷戰結束，唯一的超級大國美國及其盟友（英國、澳洲、日本等）就有更多的餘力干涉別國的內部事務，使新殖民主義在世紀之交逆流湧動[4]。在當今，我們尤其需要關注美國的新殖民主義。殖民主義結束後，美國繼續透過種種的國際金融體制、透過規定世界市場的價格、多國公司和聯合企業以及各種教育文化機構等在各種世界性事務中扮演著決定性的角色。近來

與該術語聯繫更多的不是前帝國主義霸權之影響，而是
美國等新超級霸權的角色：其原來的殖民地歷史已經被
其在建立一種全球性資本主義經濟中的主控型新殖民主
義角色所代替[5]。其實，美國從二次大戰時期就打著
「反殖民主義」的幌子推行自己的新殖民主義——主要是
文化和意識形態方面。進行文化滲透是美國推行新殖民
主義的一個重要方面，主要是透過各種基金會、藝術
節、文化交流、訪問講學、學術會議、文藝獎項以及宣
傳教育系統來實現的。這就導致了用西方的文化價值觀
代替發展中國家的傳統文化價值觀。美國還慣以「道義」
之名行干涉之實，其慣用的口號有：反對專制主義、維
護人權與自由、解放極權統治下的受苦人民、消除大規
模殺傷性武器對人類和平與安全的威脅等。另一方面，
美國又著意貶低發展中國家，大力渲染其落後面和各種
消極因素，貧窮、落後、愚昧、動亂被說成是發展中國
家的特色，為美國的單邊主義尋找藉口[6]。

　　後殖民理論與早期的殖民主義理論和新殖民主義理
論不同的地方，就是強調文化問題。這裡的「後」，主
要是在文化知識和意識形態領域裡。「後殖民」一詞通
行之前，人們經常用「第三世界」或「新殖民」來指涉
前殖民地或亞非拉美落後地區仍舊遭受強權國家壓迫剝
削的狀況。可是後兩個術語後來逐漸失寵。針對三個世

界模式，有人說這種類型學的基礎是進步論的後設敘事，有人說它是歐洲中心論的並且「抹平了異質性，掩蓋了矛盾並閃避了差異」[7]。從結構上看，它將社會僵化於一種永久性的社會經濟空間而非將其看作隨著全球關係的變化而轉變，故已失去了分析價值。德里克指出：「無論它們被固定於地理方面還是結構方面、在資產階級還是在馬克思主義社會理論內，這三個世界再也站不住腳了」[8]。但是，在與「第三世界」和「新殖民」等術語的對照中，卡伍瑞和邵哈特（Ella Shohat）等理論家都對「後殖民」一詞提出強烈質疑[9]。此外，「後殖民」一詞在當今很是有利可圖，因為它不如「新殖民」具有譴責性，西方中心也樂於接受之[10]。

　　其實，新殖民主義批評與後殖民批評並不一定是互相衝突、不可相容的。對於當代還存在、有時甚至還很囂張的新殖民主義行徑，我們也完全可以用後殖民理論來進行分析和批判。新殖民主義一詞主要用於政治思想界，而後殖民主義、後殖民批評則主要盛行於文學、文化界。如果說二十世紀中葉對新殖民主義的批判主要偏重政治、軍事或經濟的衝突對抗，那麼二十世紀七〇、八〇年代開始流行的後殖民批評則主要是在文化領域借重文本（廣泛意義上的）對潛藏隱藏的殖民主義意識形態進行揭露和批判。

二、後現代主義與後殖民主義

　　後現代主義約產生於二十世紀六○年代的西方，很快風靡一時；八○年代前後達到鼎盛期。它始自建築領域，並迅速波及文化界和文學界。後現代主義強調流動、多元、邊緣、差異與曖昧含混。後現代性不再強調英雄神話、族群中心主義與歐洲中心主義，揚棄了二元對立，捨棄了國家與普世性霸權的宏大敘事，強調地方性與小敘事的不可預測性，對傳統的理性與權力等標準提出激烈的批評。後現代主義與反基要主義、反本質主義、或後結構主義反二元對立的概念，往往聯繫密切[11]。伊戈頓認為後現代主義以無深度、無中心、無根據、自我反思、遊戲、模擬和折衷主義的藝術反映這個時代性變化的某些方面。後現代思想總是避開絕對價值、堅實的認識論基礎、總體性政治眼光和封閉的概念體系。它是懷疑論的、開放式的、相對主義的，它崇尚分裂而非協調、破碎而非整體、異質而非單一；它把自我看作是多面的、流動的、臨時的和沒有任何實質性整

一的[12]。二十世紀九〇年代,當後現代主義逐漸走向衰敗時,後殖民主義作爲另一股具有前衛性的學術思潮從邊緣走向中心,開始了「非邊緣化」和「解構中心」的運動。那麼,後現代主義與後殖民主義之間是一種怎樣的關係呢?

王寧在對後現代主義進行概括時指出,後現代主義也是第三世界的批評家用以反對文化殖民主義和語言霸權主義、實現現代化的一種文化策略,它在某些方面與有著鮮明對抗性的後殖民批評相契合[13]。從後現代主義到後殖民主義,這兩股理論思潮在批評策略上是延續的,都是在西方語境下生成的批判性理論,都帶著德希達理論對中心的解構與顛覆,在文學、文化與意識形態領域對西方的傳統「話語權力」進行挑戰。後現代主義主要是針對現代主義的一種對抗話語,後殖民主義則要指明一種前被殖民者的對抗性話語,反對現代西方的文化霸權及其全部帝國主義的情感和知識結構。後殖民主義爲了不被西方主子敘事所含納,不得不將後現代主題歷史化;並運用後現代論點,服務於將世界歷史非中心化的任務,並維護和強調前被殖民人民的身分認同。它同時也是一種重思世界歷史、反對西方所創造的術語和概念框架之不足的一種行動。在後殖民理論看來,後現代性的非中心化過程,卻是以普遍的後現代理論眞理形

式提出的，這就在全球範圍內形成一個新的中心化過
程，是西方政治文化控制的繼續。出於對這種新式西方
中心模式的警惕和洞察，一些來自第三世界的批評家把
後現代看成是一個「持續的帝國主義結構的時代」，正
是在這個所謂的後現代時期，西方的文化霸權代替了西
方以往對第三世界經濟和政治的直接控制，因而與西方
文化霸權的對抗就成了「後殖民時代長期的政治衝突」
[14]。從這個角度來看，後殖民就成了與後現代這個代表
著新形式的西方中心模式相對抗的概念。這也就是杜林
（Simon During）所說的，後殖民批評要揭露「後現代主
義遠不是非中心的，而恰恰是中心」，後殖民批判「要
斷然地將後現代指斥爲新帝國主義」[15]。可以說，後殖
民這個概念是從後現代世界秩序的邊緣與其中心的對
抗，以殖民關係定位來重寫「後現代狀況」，用「後殖
民狀況」來取代「後現代狀況」。徐賁指出，後殖民主
義的批判認識具有不確定性，批判主體具有曖昧性，強
調差異性，這是它同後現代理論相一致的地方。但是，
由於後現代批判主要是在西方社會文化範圍中內向自
省，它對當今西方的政治社會意識形態並不持完全否定
的態度。因此，後殖民批判不能像後現代理論那樣在
「理性」、「正義」、「主體」等觀念上採取徹底的相對
論和懷疑論[16]。

三、全球化與後殖民主義

　　全球化是二十世紀末、二十一世紀初最重要的時代特徵之一。阿什克羅夫特等學者指出，全球化是指個人生活和地方社區受運行於全世界的經濟和文化力量的影響的過程，實際上是指世界變成一個單一地域的過程。全球化在一九八〇年代中期開始取代「國際」或者「國際關係」。人們對全球化的興趣急速升溫，反映出二十世紀末在世界範圍內的社會變化：民族國家的重要性已經逐漸衰退，而民族國家也受到跨越國家疆界的經濟現實的影響。全球化的結構特徵包括民族國家體制本身、全球性經濟、全球性通訊體系和世界軍事秩序。全球化描述民族國家在世界政治秩序中日益減弱的能動性（而非其地位），以及公司資本的結構和運動日益增長的影響[17]。儘管人們對全球化褒貶不一，但全球化絕不是一種政治上中立的活動。全球化的運作與歐洲帝國主義所永久化的權力結構是無法分開的。全球性文化是按照一種早已啓動的權力結構運行的影響、控制、播撒和霸權

的一種帝國主義動力的繼續，這種權力結構出現於十六世紀帝國主義、資本主義和現代性的匯合之中。這就解釋了為什麼全球化的種種力量儘管是全球播散的，但就權力和機制組織來看仍舊是以西方為中心的。

杜林曾經對全球化和後殖民主義做了簡要的區別。首先，後殖民主義是知識份子嘗試描述殖民主義關係結束後的時代的一種努力，它試圖將所謂「非現代」從西方所謂的「現代主義普世論」中挽救出來。全球化理論則主要探討橫跨各洲、全球同步傳播技術和一體化的流動之影響，探討既非被歷史、也非被地緣結合的種種社群的形成，也更深入地探討「世界經濟」對地方和民族經濟的勝利。其次，後殖民主義是一種非歷史化理論，而全球化則是一種非地方化理論。後殖民主義表徵著「進步性」目的論時代的消逝；全球化則意味著地域界線的模糊與隱退，進入一個支離破碎的卻是世界一體化和可以複製的世界。全球化的經濟力量和經濟政策幫助了反殖民性的後殖民主義勢力的增長，殖民主義、後殖民主義和全球化實際上是相互作用的，更重要的是，當代的世界一體化在其自身的想像裡共時地改造了過去，並且在保留過去的同時革新殖民鬥爭。杜林認為，一旦把全球化理解為正面而把殖民主義理解為反面，並認為全球化和殖民主義都被不同的欲望、話語、目的和觀念

所驅使，那麼，某種歷史時刻和歷史概念就凸顯得富於
啟發性和意味深長[18]。

　　在阿什克羅夫特等等學者看來，全球化對後殖民研究
之所以重要，有兩個原因。首先是全球化是對世界權力
關係結構的一種展示，它在二十世紀裡堅定地保持為西
方帝國主義的遺產和餘續。其次，地方性社區對付全球
化的方式，與歷史上殖民地社會對付挪用帝國主義主宰
控制力量的方式頗有相似之處[19]。二次大戰後，帝國主
義向全球的經濟、通訊和文化等方面進行超越國家的運
作。這當然不是說全球化是一種簡單地從強者到弱者、
從中心到周邊、單向度的運動，因為全球主義就像帝國
主義本身一樣，是跨文化的。但全球化並不是自發地在
世界各地爆發的，而是根植於帝國主義的侵略中、根植
於世界體系的結構中、根植於帝國主義修辭的意識形態
中的。因此全球化就與殖民主義有著割扯不斷的聯繫，
也與後殖民研究大有干係。另外，透過借助全球性系統
而挪用表述、組織和社會變化的策略，地方社群和邊緣
利益團體既可以給自己增添力量，也可以藉以影響全球
系統。

四、民族主義與後殖民主義

　　民族主義（nationalism）又稱「國族主義」[20]，近年來由於全球化的影響以及新殖民主義勢力的抬頭，民族主義重新成爲文學界、文化界喜歡探討的話題。民族觀念已經廣爲接受，固著於人們的普遍想像中，故一般人很難意識到該術語竟是十分晚近的一個發明。根據霍布斯邦（Eric Hobsbawn）的考察，「民族／國家」（"nation"）大約出現於一七八〇年代[21]。安德森（Benedict Anderson）提出著名的「想像的社群」概念，即透過共同的想像，尤其是經由某種敘述、表演與再現方式，將日常事件透過資本主義印刷業、報刊雜誌、小說、記憶、官方語言、人口普查、博物館等象徵資本和國旗、國歌等國家形式的紀念儀式，以及種種音樂和節慶活動，讓所有在國土疆界之內的國民，都在閱讀、想像、記憶的同時性與即時性過程中，設定大家同屬一個社群，透過想像與形構共同的生活和行爲規範，形成國家與公民的觀念，並因而產生強烈的歸屬感和同胞之

愛，以達成鞏固民族國家既有體制、促進民族主義有益地發展的目的[22]。此外，對於民族主義和民族國家的形成，還有多種其他的理論解釋。廖炳惠指出，不管是透過文化、想像、交通或戰爭，這些理論基本上都認為民族主義和民族國家是文化社會建構的產物。雖然面對全球化的強勢介入，但稅收、教育、族群糾紛、保健與國防等議題，依然是各民族國家內部都必須獨立面對的問題[23]。艾德加等學者也指出，儘管就其性質的好壞仍然存在著分歧，但民族主義保持為當代社會中一種有潛能的意識形態，在面對全球化、大眾通訊、多國機構的潛在威脅時，其流行性似乎沒怎麼消減[24]。

民族主義的種種話語通常都隱含男性陽剛意象和特質，本質上具有相當強烈的排外性，因而備受女性主義和後殖民主義學者的挑戰。他們認為，民族主義往往忽略了地方、族群、多元、性別與階級的複雜歷史積累，只單純透過同質化的教育政策，消除和壓抑了許多差異[25]。大多數的反殖民和後殖民論者都是客觀地、歷史地、辯證地看待民族主義的。薩伊德在《文化與帝國主義》中就指出，首先，要抗拒帝國主義就必須有民族主義，但緊隨民族主義而來就是對本土的本質和認同盲目崇拜，其「高潮當然就是去年春天美國和伊拉克的戰爭……這是墮落的民族主義的戰役」；而基本教義主義絕

不僅僅「只牢繫在伊斯蘭教徒身上」，它也「當然存在
於我們那個世界的猶太教和基督教，也存在於現在的美
國」。因此薩伊德對這種「墮落的民族主義」持強烈的
批判態度[26]。巴利巴爾則警示我們，絕不能將宰制者的
民族主義等同於被宰制者的民族主義；絕不能將意在解
放的民族主義等同於意在征服的民族主義[27]。阿什克羅
夫特「三人幫」也指出民族主義曾經是推動殖民主義增
長的力量，但在帝國主義控制時代晚期，民族的思想主
要依靠抵抗性民族主義，才形成了十九世紀晚期二十世
紀早期的反殖運動[28]。而在更早的時候，印度批評家南
地（Ashis Nandy）就指出民族主義是一柄雙刃劍[29]。敏
米（Memmi）也指出：「受殖者的種族主義只是果，不
是因，……不是生物的或者形而上學的種族主義，而是
社會的、歷史的結果，……簡言之，後者不是侵略者的
種族主義，而是自衛性的種族主義」[30]。

五、帝國主義、殖民主義與 後殖民主義

　帝國主義這一概念與殖民主義有著千絲萬縷的聯

繫，有時候人們甚至把它用作殖民主義的近義詞，因而
討論後殖民主義不能不涉及到帝國主義。帝國主義是資
本主義的最高階段，其基本特徵是壟斷代替了自由競
爭，形成金融寡頭的統治；也指帝國主義國家。阿什克
羅夫特等指出，帝國主義近期的意義是指在海外獲得殖
民地，建立起帝國[31]。一八八〇年代之後，帝國主義開
始轉型，改以文化、政治和經濟為主要支配形式，也就
是薩伊德在《文化與帝國主義》一書中所說的「文化帝
國主義」。薩伊德認為，文化帝國主義強調支配性的都
會中心如何對遙遠的地區行使意識形態的宰制與監控，
而殖民主義則是殖民者透過遙控指揮，或是指派行政官
僚定居殖民地，行使具體的統治。

　　但殖民主義和帝國主義之間的區別是難以理清的，
一般認為帝國主義與政治、軍事和商業行為的統治關聯
較為密切，而殖民主義則是殖民者透過說服、象徵、生
活方式等制度的介入，和被殖民者的文化間展開權力的
斡旋與爭鬥。斯萊蒙指出，後殖民理論家一般認為帝國
主義構成了更大的政治力量，驅動著殖民主義或殖民化
的具體行動[32]。盧姆巴（Ania Loomba）則指出殖民主義
與帝國主義的區別就在於控制形式的不同，帝國主義並
不以直接的殖民統治為條件，而是更有賴於一種經濟和
社會的依附與控制關係，以確保帝國主義商品生產所需

的勞動力與市場。殖民主義包含對他國地區或民族土地的掠奪、資源的搶奪、勞動的剝削以及政治與文化結構的干預，而帝國主義則主要是一種對市場滲透和控制的世界性經濟體系。我們可以將帝國主義看成是一種現象、一個權力中心、一種導致宰制和控制的過程，而殖民主義則是這種宰制和統治在殖民地的發生及其結果；因此，帝國是「中心」，是權力的源泉，而殖民則是帝國主義權力滲透和控制的「場域」。帝國主義無需形式上的殖民也能發揮作用，但殖民主義則需以殖民事業為其依託要素[33]。現在所說的帝國主義，大都指涉歐洲、美國、日本在全球進行的宗教、文明、經濟侵略，使當地人民的生活方式在被征服被統治中被扭曲、消滅或同化。繼而是麥當勞和以美國為主的跨國企業所主導的「新文化帝國主義」或「新帝國主義」[34]。

現在西方學界有「生態帝國主義」（ecological imperialism）的說法，並且認為這是一個伴隨帝國主義侵略和殖民主義行徑從一開始就有的最終會危及全人類的嚴重問題。1986年科洛斯比（Alfred Crosby）出版《生態帝國主義》一書，首次提出「生態帝國主義」概念，用以描述被殖民地社會的環境，被殖民占有經驗從物理上改變了。故帝國主義改變的不但是文化、政治和社會的結構，也改變甚至毀壞了殖民地的生態和傳統的

生息生存模式[35]。

六、女性主義與後殖民主義

　　女性主義是指針對女性的不平等地位和兩性倫理等
議題所發起的政治運動。女性主義的核心在於堅信：婦
女在西方文化中處於從屬於男人的地位。女性主義尋求
將婦女從這種從屬性中解放出來，並重建社會，消除父
權制（家長制），創造出一種完全容納包括婦女之欲望
和目的的文化。女性主義的萌芽，最早出現於西方貴族
社會與中古女修士的著作中，但真正意義上的女性主義
理論的出現是1792年烏斯登科洛福特（Mary
Wollstonecraft）出版的《為婦女權益辯護》（*A
Vindication of the Rights of Woman*）一書，作者在書中捍
衛女權，提出兩性在教育、生活待遇等方面的平等要
求；之後又有「政治女性主義」、「新女性主義」（又叫
「文化女性主義」）、「倫理女性主義」、「生態女性主
義」、「女同性戀話語」等發展和分支。一九八〇年代
末出現了「第三世界女性主義」，致力於批判以「白種

中產階級女性」爲中心的女性主義[36]。

　　女性主義對後殖民話語極爲重要，主要有兩個原
因。首先，父權制和帝國主義都可被視爲對處於從屬地
位的群體施加形式類似的主宰。因此父權制下婦女的經
驗和被殖民主體的經驗在好幾個方面都很類似，而女性
主義和後殖民政治都反對這種控制。其次，在許多殖民
地社會中，性屬和殖民壓迫中哪個是婦女生活中更重要
的政治因素，對此存在很大爭議，引發了窮國與富國
（抑或第三世界與歐美國家）女性主義活動家之間的分
歧。

　　女性主義像後殖民主義一樣，關切表述與語言對身
分形成和對主體性建構至關重要的方式和程度。對二者
而言，語言都是一種顛覆父權制和帝國霸權的載體，兩
種話語都訴諸於本質主義的論點，以更加本眞性的語言
形式對抗強加於它們身上的語言形式。兩種話語都感到
自己斷絕於一種傳統的語言，因此試圖經由殖民前語言
或一種原始的女性語言來恢復一種語言上的本眞性。然
而，像其他的附屬性群體一樣，女性主義和被殖民人民
都運用挪用的策略來顛覆並改造主導性語言和表意實
踐。女性主義理論文本和後殖民主義理論文本在很大方
面也有一致之處，如認同理論、差異理論、主導性話語
對主體的質問，以及爲彼此提供各種抵抗控制的策略。

女性主義和後殖民主義之間還有著「書寫身體」與「書寫場域（place）」的類似、雙性和文化合成策略的類似以及二者均訴諸於民族主義等[37]。

註釋

1 羅鳳竹主編，《漢語大詞典》第五冊（北京：漢語大詞典出版社，1994），頁166。

2 中國社會科學院語言研究所詞典編輯室編，《現代漢語詞典》（修訂本）（北京：商務印書館，1998），頁1617。

3 Bill Ashcroft, Gareth Griffiths, and Helen Tiffin, eds., *Post-Colonial Studies: The Key Concepts* (London and New York: Routledge, 2000), pp.162-163.

4 張順洪、孟慶龍、畢健康，《英美新殖民主義》（北京：社會科學文獻出版社，1995）頁18、31。

5 Bill Ashcroft, et al. eds., *Post-Colonial Studies*, pp.162-163.

6 轉引自廖炳惠編，《關鍵字200：文學與批評研究的通用辭彙編》（台北：麥田，2003），頁176。

7 參見Ella Shohat, "Notes on the 'Post-colonial'," in Fawzia Afzal-Khan and Kalpana Seshadri-Crooks, eds., *The Pre-occupation of Postcolonial Studies* (Durham and London: Duke University Press, 2000), pp. 127-129.

8 Arif Dirlik, "The Postcolonial Aura: Third World Criticism in the Age of Global Capitalism," *Critical Inquiry*, 20: 2 (1994), pp. 332, 352.

9 Anandam P. Kavoori, "Getting Past the Latest 'Post': Assessing

the Term 'Post-Colonial'," *CSMC (Critical Studies in Mass Communication)*, 15 (1998), pp. 197-198; Ella Shohat, "Notes on the 'Post-Colonial'," pp. 126, 136, 138.

10 Anne McClintock, "The Angel of Progress: Pitfalls in the Term 'Post-colonialism'," *Social Text*, 31/32 (1992), p. 93.

11 廖炳惠編，《關鍵字200》，頁205-206。

12 特里·伊格爾頓，〈致中國讀者〉，頁1-2；〈前言〉，頁1，載特里·伊格爾頓著，華明譯，《後現代主義的幻象》（北京：商務印書館，2000）。

13 王寧，《後現代主義之後》（北京：中國文學出版社，1998），頁6。

14 Edward Said, "Third World Intellectuals and Metropolitan Culture," *Raritan*, 9: 3 (1990), pp. 31, 39.

15 Simon During, "Postmodernism or Postcolonialism?" *Landfall* (Sept 1985), p. 369.

16 徐賁，《走向後現代與後殖民》（北京：中國社會科學出版社，1996），頁173-174、177-178。

17 Bill Ashcroft, et al. eds., *Post-Colonial Studies*, pp. 110, 112-113.

18 西蒙·杜林，〈後殖民主義和全球化〉，載王寧、薛曉源主編，《全球化與後殖民批評》（北京：中央編譯出版社，1998），頁141、145-147。

19 Bill Ashcroft, et al. eds., *Post-Colonial Studies*, pp. 112-114.

20 有人認爲「國族主義」一詞比「民族主義」更有内涵，能表達更深刻的意義；但也有論者認爲「國族主義」一詞是民族主義的保守、退化甚至反動形式。參見羅永生，〈專輯導言：解殖與（後）殖民研究〉，載香港嶺南學院翻譯系「文化／社會譯叢」編委會編，《解殖與民族主義》（香港：牛津大學出版社，1998），頁viii。

21 Eric Hobsbawn, *Nations and Nationalism Since 1780: Programme, Myth, Reality* (New York: Cambridge University Press, 1990), pp.15-20.

22 Benedict Anderson, *Imagined Communities: Reflections on the Origin and Spread of Nationalism* (London: Verso, 1983), Chiefly Chapter 2 & 3, pp.17-49.

23 廖炳惠編，《關鍵字200》，頁170-172。

24 Andrew Edgar, and Peter Sedgwick, eds., *Cultural Theory: The Key Concepts* (London and New York: Routledge, 2002), p. 256.

25 廖炳惠編，《關鍵字200》，頁138-140、170-172。

26 薩義德著，單德興譯，《知識份子論》（北京：三聯書店，2002），頁132-134。

27 巴利巴爾，〈種族主義與國族主義〉，載《解殖與民族主義》，頁159。

28 Bill Ashcroft, et al. eds., *Post-Colonial Studies*, p. 154.

29 Ashis Nandy, *The Intimate Enemy: Loss and Recovery of Self*

under Colonialism (New Delhi: Oxford University Press, 1983), p. xi.

30 這裡的「種族主義」比較類似於民族主義，見敏米，〈殖民者與受殖者〉，載《解殖與民族主義》，頁15-16。

31 Bill Ashcroft, et al. eds., *Post-Colonial Studies*, pp.123-124.

32 Stephen Slemon, "Post-colonial Critical Theories," in Gregory Castle, ed., *Postcolonial Discourses: An Anthology* (Oxford: Blackwell Publishers, 2001), p. 101.

33 Ania Loomba, *Colonialism/Postcolonialism* (London: Routledge, 1998), pp. 6-7.

34 廖炳惠編，《關鍵字200》，頁140-141。

35 參見廖炳惠編，《關鍵字200》，頁90-91；Bill Ashcroft, et al., eds., *Post-Colonial Studies*, pp. 76-77.

36 參見廖炳惠編，《關鍵字200》，頁106-108。

37 Bill Ashcroft, et al., eds., *Post-Colonial Studies*, pp. 101-102. 同時也可參閱Andrew Edgar, and Peter Sedgwick, eds., *Cultural Theory*, pp. 143-145.

第三章
霍米・巴巴的生平及其思想基礎

　　巴巴於1949年出生於印度孟買的一個印度祆教徒家庭。1970年於孟買大學（Elphinstone College）獲得英語學士學位；之後赴英國牛津大學（Christ Church College）留學，並獲得雙碩士學位（M. Phil. 1974; MA 1977）；1990年獲得哲學博士學位（D. Phil.）。巴巴的父親是一位律師，母親出生於書香門第，受過很好的基礎教育，是一個虔誠的祆教徒，熱心慈善事業，非常喜歡法國文化。她在巴巴的一生中具有很大的作用，巴巴曾說過他選擇英文作為自己的專業幾乎完全是受其母親的影響[1]。她一生喜歡詩歌、藝術、文化和語言，常常給孩子們朗誦詩歌，十分重視對子女的教育。家中書報甚豐，訂有《巴黎評論》、《倫敦》雜誌、《紐約評論》、《紐約時報書評》、《聽眾》和《時報文學副刊》等。她對文學、尤其是詩歌的熱愛影響了巴巴的一生。

一、出身少數族

　　巴巴出身於一個祆教家庭。印度的祆教徒（Parsee/Parsi，或譯帕西族），係西元七至八世紀期間為

逃避回教徒迫害而從波斯逃到印度的祆教徒的後裔[2]。
他們先是來到印度的古加拉特海岸，帶來了代表著真
理、秩序和正義的不息的火種。後在十八世紀晚期，又
遷移到城市。他們現在主要居住在城市裡面。除了在印
度，後來有很多人移民到海外，如加拿大、美國、英
國、澳洲等地。目前印度的祆教徒面臨著社群人口日漸
減少以及身分界定日益模糊的危險。

祆教徒非常務實。他們從一個農業性社群轉為一個
都市化社群，抓住英國殖民統治所能提供的所有的便利
和機遇；投身於孟買的都市化建設；其上層社會非常西
化（英國化），經濟上也相當富有；他們在現代社會裡
非常成功，包括商務、銀行、軍事、工業、核研究、音
樂以及律師和醫學等領域[3]。在巴巴自己看來，祆教徒
天然就有一種世界主義心態，他們缺乏深厚的文藝傳
統，不像印度教徒或穆斯林那樣有著嚴格的教規和等級
觀念。在印度，西方化的資產階級也是最先在祆教徒中
間產生的，被看作是十九世紀晚期、二十世紀早期印度
工業化的一部分。但祆教徒沒有在政治上發揮什麼大的
作用[4]。

祆教徒有自己特殊的家庭形式，他們借鑑波斯人和
印度人的各種風味加以融合，形成自己獨特的飲食習
慣。照巴巴的說法，他們的生活風格是很「後現代」

的。他們又借鑑各種裝飾藝術，包括顏色和風格，是各種風格的混合。他們的家庭也常常是多種文化混雜的反映。祆教徒也慣於遷徙。根據祆教徒有關先祖移民的傳說，當時只有男人才能上船護火，漂洋過海來到印度。因此巴巴斷言，祆教徒移民的原始神話既是一個純潔性的神話，也是一個人種混雜的神話[5]。而巴巴實則對這種「模糊性」、這種對作爲一個祆教徒身分的不明不白的「矛盾狀態」褒獎不已。巴巴有一次曾在BBC的「南部之聲」（Southern Voices）節目上做過一次演講，題目就叫「孟買雜燴」（Bombay Mix），談論祆教徒社群的這種特殊的混雜狀況[6]。在巴巴看來，祆教社群有著混合的生活方式、對聖哲先賢的敬畏和對「自我進取」的貪婪的推崇，它有著混雜的文化譜系，但經典傳統的缺失卻在個人和群體的自我塑造中給人一種隨意試驗的自由度。這是巴巴後來追憶往事時的感悟，其實在當時，他還是「拚命地要以某種無法企及的同質化的、整合的方式變成『印度人』」，恰恰說明了追求身分認證的痛苦經歷[7]。巴巴也曾指出，祆教徒在印度終歸不是印度人，而是制度之外的弱勢民族；在印度作爲祆教徒就像「祁克果筆下的原罪罪惡感的承受者，十分痛苦」。巴巴直到大學畢業，甚至到了牛津大學，仍感覺到這種身分的「詭異」，似乎自己的地位很特殊，比別人出眾，但是同

時又比普通的印度人都不如、不能講他們的語言、無法
被認同為「真正」的印度人[8]。

　　祆教徒對印度本土人來說是外來戶，故對印度並不
像原印度人那樣視之為自己的真正家鄉，因此對印度少
了一份認同；另外在印度它還是少數族，平日裡還會受
多數族的欺侮歧視，都是很有可能的，這在與印度之國
家民族的認同上又淡漠了一份；祆教社群文化極為貧
瘠，沒有什麼深厚的文化積澱、沒有歷史的豐富和厚重
感，因此很容易成為惟利是圖者，這就是當印度人對英
國殖民者心懷恐懼憤恨、暴力反叛或非暴力不合作時，
祆教徒卻能如魚得水，充分利用英國人所能提供的種種
便利，甚至在某些時候成為「印度人和英國人之間的溝
通者」，而不感到叛國或沒骨氣之類的尷尬與良心的譴
責。因此它們在經濟、商貿、金融界非常活躍，極願留
洋英國。他們的身分因而也是模糊的，正如巴巴所辯解
的：「因為本質主義的身分模式似乎在某種程度上已經
過時了：身分更多的是演現性的，是你自己建構起一種
認同感」[9]。

二、世界主義都市——孟買

可以這樣說，巴巴所受的後殖民影響，是一位帶有世界主義氣質的中產階級知識份子的全部經驗：從孟買到牛津、倫敦，再到美國。巴巴先是在孟買大學獲得英語學士學位。巴巴多次談起，在孟買的求學經歷對他自己的人生之路（尤其是他的文化批評事業）是多麼的重要。首先，巴巴認為他在孟買受到了良好的英式傳統教育，這種殖民地學校也沿襲了牛津或劍橋的傳統，教學模式主要是基於英國的文學經典[10]。

其次，孟買是一個光怪陸離的後殖民大都市，是多種文化交匯之地，是投機份子和冒險家的樂園。孟買的求學生活，豐富了巴巴的生活閱歷，為他提供了非常不同的經驗。身處生活方式豐富多樣的文化交匯處，生活中的語言與後天習得的語言之間有一種張力，周旋在這種矛盾性張力中使人具有了創造性和虛構性的巨大衝動的潛力。巴巴到牛津後，對孟買那種大雜燴性質的後殖民都市氛圍一直念念不忘，其世界主義特徵也常常出現

於其後來的文化批評論述中，成爲他持續不斷的靈感源
泉。巴巴欣賞那種殖民地、後殖民地城市所特有的那種
「混雜文化」，那種「世界主義」：「一種引用、引證、
重新定位、重複和修訂文化風格、傳統和身分的能
力」；孟買也有一種非常特別的融合了殖民和後殖民的
現代性、一種文化包容的倫理、一種不同文化共存交叉
的倫理。而與此形成鮮明對比的是，在一些被認爲是偉
大的西方都市中心，我們卻常常會聽到排外仇外的叫
囂，因此巴巴感慨萬千：前殖民地城市的社群生活歷
史，是非常值得人們學習的[11]。

　　巴巴曾將孟買比喻成「集市」，而牛津則是「紳士
俱樂部」。中東印巴地區的集市魚龍混雜，所用的語言
也是多語混雜體。在巴巴的眼裡，這樣的「集市」是世
界主義的雛形。而牛津大學則是高貴正統、優雅經典的
「紳士俱樂部」，在那裡，巴巴接觸到的是純正的英文經
典，接受的是專業的文學批評訓練。二者形成了鮮明的
對比與反差，這種對照結果便產生了巴巴的觀察視角和
批評視角，而且在巴巴眼裡，「集市」與「俱樂部」之
間並非是隔絕的，巴巴困惑而啓蒙式的親身經歷與存活
就是明證，「作爲一個後殖民土著人，我先是在一個印
度集市上學到了道德，然後又在有些人（過急地）認定
爲英國紳士俱樂部（牛津）的地方學會了文學，我看集

市和俱樂部之間的關係是更爲論戰的和模糊的。在它們
之間存在一條焦慮的通道：交疊而不對等……在尋找眞
理中這條通道要被穿越，眞理居於本體論的文化脈動和
移位的記憶的互相接觸之中，這種接觸使得民族文化成
爲可能」[12]。

三、少年詩情──大學歲月

　　巴巴在孟買求學期間就表現出對文學尤其是詩歌的
格外著迷。這當然純粹是正統的經典課程之外的業餘興
趣。巴巴並非從小立志做一個偉大的文學批評家，相
反，那時的巴巴對批評理論或概念性論爭相當厭煩。他
堅信自己有詩人的天賦，把大多數時間都花在吟詩作賦
上了，甚至還發表了一些詩作，令年少的巴巴激動不
已。使他越發沉迷詩海，詩歌成了其生活中無法代替的
東西，而詩的激情則一直陪伴著巴巴走上了文學和文化
批評的生涯。

　　那時，巴巴除了廣泛涉獵英美詩歌外，還接觸過翻
譯的馬拉地（位於西印度）語文學。馬拉地語文學有很

豐厚深遠的詩歌與戲劇傳統，而巴巴感興趣的是其中的
世界主義。正是這些經驗在後來使巴巴意識到，混雜化
並非各種文化的快樂、統一的混合物；而是對語調、價
值、意義和立場的策略性的轉換，是一種權力的換算，
是從某種文化霸權的權威體系轉換為一個剛出現的文化
重新定位和文化重申的過程。而正是這一過程改變了闡
釋和建制化這些術語本身，開闢了充滿爭議的、對抗
的、創新的、「他者」的主體和目標的形成基礎。正是
這種雙重意識才產生了巴巴所謂的後殖民或少數族主體
的「本土世界主義」。作為一種生活模式、一種思維習
慣，它試圖尋求文化間的轉換，它不是要恢復普世性的
主權規範，而是要強調，在整個存活控制過程中，有一
種積極的、能動的價值，它可以為批評磨礪出犀利的鋒
芒；而這類批評的發出者則是那些基於文化、文明或所
謂的道德和精神的落後性而被移位的或邊緣化的人。正
是這種發自底層、勇於面對險阻的創造性和革新性——
一種政治的和詩的能動性——支持著巴巴的著作。雖然
有人認為這些觀點過於理論化或幼稚地樂觀，但巴巴始
終對詩的公正懷有一種依戀，而且他相信這裡還有一種
道德責任。

　　巴巴早期最著迷、最尊重的詩人是奧登（W. H.
Auden），而對教科書中的詩人如濟慈、艾略特等則興趣

一般。巴巴喜歡奧登詩的卓越形式，奧登論詩的觀點也
讓年輕的巴巴深爲折服。奧登認爲詩能夠而且也應該能
夠參與並從事時代生活的全部喧囂的經驗——他稱其爲
文學創造的民主層面。奧登的詩可謂很好地體現了他的
觀點，詩的內容包羅萬象，令人眼花撩亂。於是巴巴開
始如饑似渴地模仿奧登的詩句，也嘗試他詩中那種明顯
的遊戲性質，及其在不同的語氣之間來回轉換（一會兒
萬般柔情一會兒又極具傾向性）的能力，以及在詩句的
語調中維持一種張力、保持活躍衝突的狀態。這種語調
的轉換表明詩人對所有詩歌都能夠準確無誤地感知。那
些日子裡，巴巴完全沉醉於詩情之中，對他而言，成爲
一名優秀的詩人是他最高的理想[13]。

四、薩伊德

　　到英國著名的學府留學或者到英國定居是那時印度
中產階級所希求的人生軌跡之頂點。巴巴在孟買大學畢
業獲得學士學位後，便來到人們夢寐以求的牛津大學的
基督教堂學院（Christ Church College）繼續深造。巴巴

在牛津認識了現在的妻子賈桂琳（Jacqueline），而她也
出身於一個印度的移民家庭。她的父母是二次大戰期間
逃到孟買的德國猶太難民，是典型散居外國的猶太人
（Diaspora）家庭；後來他們於一九六〇年代初期定居米
蘭。賈桂琳與巴巴相識於英國，她受過專業的律師訓
練，專業是移民法和難民法。巴巴透過她獲得了一種新
的視角，對其文化批評事業頗有助益。我們在閱讀巴巴
探討移民、流散者、難民等少數族裔的公民權、敘述權
與世界主義概念等的論述時，常常會想到賈桂琳對巴巴
潛移默化的影響。之後他們夫婦又一同去了美國，當巴
巴於2001年受聘哈佛大學時，她也一同受聘到哈佛法學
院任教。

　　巴巴這一時期的一個重要影響來自薩伊德，他對巴
巴的後殖民研究有著舉足輕重的影響。巴巴第一次接觸
薩伊德的著作，並不是《東方主義》，而是刊登在《區
別》（Diacritics）雜誌上的一篇訪談。巴巴感受到，薩
伊德不僅生活於兩個世界，而是多個世界中，於是萌發
了與薩伊德這樣的知識份子的深刻認同。薩伊德在訪談
中談起過自己在閱讀東方主義式的形象時更為關注表意
形式，而不是主題內容，這對巴巴後來的思想很有啓
發。

　　這對巴巴而言是一個非常重要的觀察視角，這是一

種存在其中的、在某種程度上是居於其間的、即占據一種間隙空間的可能性，這一空間不能完全被祖國的傳統所轄控，因為這其中的互相作用常常會產生一種「第三空間」。這塊新空間對文化整體性、對依賴其「本原性」而具有權威的認同觀念、對依賴其純潔性而具有價值的文化概念、對依賴其連續性而具有有效性的傳統等等，都抱持懷疑態度。巴巴在這一間隙中看到這種微小的顛覆在進行干預，它與總是想要獲得主導性的權威的大型批評非常不同。無論一個人在政治上和倫理上多麼相信權力的不平衡和不平等，但就在權威的結構中，總是有某種策略性、矛盾性與模糊性，而巴巴感覺那些受壓迫者透過指向這些、透過能夠運用這些矛盾和模糊性而獲得了某種力量，而不是透過將權力表述為一種同質性的、霸權性的整體整塊。巴巴的思想在當時可謂相當激進，無怪乎有人在他開始從事自己的研究時常常被指責為異端，因為人們普遍感到，反壓迫反霸權的正當途徑應該是馬克思主義的唯物主義理論或政治解放事業，而巴巴對此則是非常懷疑的[14]。

五、奈波爾的小說與後殖民研究的開端

　　巴巴於1974年獲得牛津大學哲學碩士學位，從1976年到1978年間在牛津大學的聖安娜學院擔任文學輔導教師；期間又於1977年獲得牛津文科碩士學位，1977-1978年間同時擔任瓦立克大學的後殖民文學兼職講師。在牛津就學時巴巴從伊戈頓那裡學習了結構主義－馬克思主義理論。這一時期的巴巴也開始接觸後殖民文學，並嘗試評論奈波爾的小說。巴巴最先接觸的是《畢斯瓦斯先生的房子》（*A House for Mr. Biswas*）和他一些寫於早期的故事。透過閱讀這些作品，透過那些奔赴加勒比海地區作契約勞工的印度移民，巴巴產生了一種相當具體而真實的共鳴，這些移民在異國他鄉重新創造了某種混雜的東西：印度的、加勒比海的和美國的。他們需要面對外族文化強加於自己頭上，而本族文化則被無情剝奪的困苦情形。巴巴認為，如果說啟蒙運動能夠在帝國時代或工業時代產生一種偉大的文化敘事，那麼，在文化的交匯交融處，也會產生另一種主題，這就是一種「部分

認同」（partial identity）、一種重新定位的、移民文化的
深刻的詩性主題，一種晚期現代時代的偉大主題。巴巴
認識到：至少是在文學中，沒有哪個被殖民主體會幻想
能夠從圓滿的或完整的地方說話。「自我的去中心化」
正是這些殖民地狀況和後殖民地狀況中能動性和想像的
條件。

　　當時的後殖民討論尚未大規模展開，後殖民批評理
論也還沒有形成，因而巴巴體驗到一種理論上的無力
感。巴巴感到奈波爾這類的後殖民文本需要一種新的概
念性框架與分析途徑。當時常用的文學分析方法有兩
種，一種是李維斯式的，在那時被用來定義英聯邦文
學；一種是馬克思主義的，馬克思主義的文學社會學被
用來定義第三世界文學，但在巴巴看來，李維斯式美學
致力於作品的細讀；而馬克思主義式的閱讀則聚焦於語
境論以及階級的問題。巴巴似乎感覺到，一種對主體性
的精神分析式闡釋對於自己的批評研究是至關重要的。
意識形態理論（那時主要是阿圖舍的）突出了結構性矛
盾但沒有充分地說明社會能動性和情感認同的模式，而
巴巴發現後者才是後殖民文本中最棘手、最富挑戰性
的。部分的、提喻式的、模糊的、間隙的——這些刻寫
了殖民地文本和後殖民文本的刻寫與認同的修辭格被忽
視，在流行的批評傳統中沒有得到充分闡釋。即使語境

論的或歷史主義的方法，也沒有充足地關注在（後）殖民地文本中占有很大分量的幻影場景。巴巴認為，關鍵不是這種文學的社會學或歷史的眞實性，而是個人透過這些部分性認同建構起自己身分的形式[15]。那時巴巴就相信，種族、身分、性和階級等問題正在後殖民小說中展現，就意識到構成殖民知識的話語秩序具有巨大的差異性和異質性。話語的黏貼和隨意擺弄、其混亂的秩序等更加吸引了巴巴，因為其秩序原則經常是被僵化地分類的、有層級的、拜物教式的。這一斷裂時刻、這種充滿矛盾的分裂，恰恰是巴巴力圖透過對殖民／後殖民話語那混雜的發聲模式的研究所要發展的[16]。

六、法農與精神分析

　　這一時期對巴巴產生巨大的、也是終生影響的是法農以及精神分析理論。精神分析理論論及部分性、矛盾性的認同方式，對巴巴思考權力和權威的結構非常重要。當時人們用以討論殖民文學中認同問題的文學概念多有不足之處，在巴巴看來，現實主義認知論的人物和

認同概念，隱含著一種未加質疑的西方個人主義，不足以揭示人物認同的那種特殊性和複雜性，而複雜性恰恰構成了殖民心理的危機。那時殖民地、後殖民地領域的研究者主要為政治理論家、人口統計者、地理學家、歷史學家、社會學家和人類學家。文學批評家在那個領域內要麼依賴主要基於歐洲小說及其時空觀、價值觀的文學理論傳統，要麼依賴區域研究專家、發展社會學家或經濟學家的研究。因此人們總是將認同和文化的問題，聯繫於歷史的或社會學的殖民事實。但巴巴感興趣的是殖民心理的形式本身如何記錄了這樣的歷史、文化的文本和影響，以及它如何擁有自己的歷史。在研究中給予殖民心理和社會幻想一個真正的空間，巴巴感覺需要向精神分析作跨學科的運動。法農就在這個時候闖入了巴巴的視界。

　　法農可以說是對巴巴的理論思考產生了最大影響的人。法農的主要著作有《黑皮膚、白面具》、《地球上受苦的人們》（1967）、《垂死的殖民主義》（*A Dying Colonialism*, 1986）等。他是一位精神分析專家和積極的政治活動家，對一種重新形構的、後存在主義式的人道主義、對被壓迫者的增勢、對人民的自主性都懷有熱情的信仰。但法農也意識到，壓迫的心理世界是一個非常複雜的世界，其問題不能僅僅透過民族解放而得到足

夠的、恰當的解決。法農又是一個具有深刻矛盾性的複雜的作家，他的作品不是只給一種人看的。巴巴指出，法農在理解任何形式的政治力量或社會力量時，注意到了心理、心理幻想和心理分析的整體問題。作爲殖民研究領域中最早的思想家之一，法農在《黑皮膚、白面具》中引用過拉岡的作品。法農認爲，在試圖探討反殖民主義、民族主義、獨立、或者任何此類的政治行爲時，欲望、潛意識、夢、精神病理學等應該得到闡釋說明[17]。

　　法農在巴巴的著作中占了很大的分量，這一方面是由於巴巴不滿於當時牛津的文學研究機制，而另一方面則是爲了尋求一種弱勢民族維護文化差異的策略。法農所採取的精神分析策略強調文化含混與矛盾性，這正好可以使巴巴藉以脫離流行的文學研究方式。法農的作品《黑皮膚、白面具》對殖民地土著不得不以殖民者的語言與文化來建構自己的身分，其實從一開始便產生了內在的分歧與融合（黑色的皮膚，卻不得不戴上白色人種的面具），這種現實生活的矛盾及其理論意義，在後殖民環境中依舊成立。人們習慣上認爲殖民者與被殖民者之間是單純的對立關係，但法農告訴我們事實情況要複雜得多；而且殖民者本身也常受到質疑，被殖民經驗的含混性、矛盾性所困擾。而巴巴最喜歡引用的「The Negro is not. Any more than the white man.」這句話中間

突然出現一個句點，恰恰道出了殖民者與被殖民者之間、殖民與殖民後之間變動過程最有意思的富有戲劇性的謎一般的性質[18]。

作為佛洛依德精神分析的修正者和發展者，拉岡的作品對巴巴來說自然十分重要，拉岡對主體性的整體性及其至高主權都提出了質疑。在拉岡的著作中，只有在出現於一種依從關係——即透過他性、透過他所謂的「他者」而處於一種從屬化關係中時，主體才成其為主體。對拉岡來說，主體不是被構築成一個整體的人或整體性，也不是作為一個個體，而是一系列轉喻性關係，拉岡的主體是一個網路。殖民地人民遭受殖民壓迫以後，雖然確實出現了對殖民權力和文化的依附，但是在巴巴看來，透過被殖民的經驗，被殖民者也開始解構歐洲中心論的思想，因為他們意識到西方化中關於自由、主權和自由主義的主張是多麼的膚淺。殖民地人民意識到，在十八、十九世紀，歐洲並沒有把自己看成是自由和創造性的理想，但與此同時，歐洲卻對外展開了殖民的歷史。西方人獲得了現代性，而殖民地人民則被殖民化，失去了自由。西方人變成了公民，而殖民地人民卻變成了悲慘的主體（subject或臣民）。

在巴巴看來，精神分析有著屬於一種特定的資產階級歐洲家庭形式的語境。在精神分析內，總是在激發它

的文化建制，與它建構一種（有別於物質現實的）心理
現實領域的象徵性、幻想性論述的欲望之間，存在著一
種張力。佛洛依德研究的主要是相當家長制的、猶太人
的核心家庭；而《畢斯瓦斯先生的房子》中的家庭形式
卻是更加母權制的、複雜的、半封建式的、半鄉村的、
一種處於流散狀態中的印度後奴隸制的家庭，有著多樣
而混雜的文化邊界線。因此巴巴是更具策略性地運用精
神分析方法的。在精神分析中，巴巴也找到了思考殖民
身分的一種重要方式，因為精神分析在最普泛的意義
上，從未將身分視為完整的，而是將其看作一幕場景，
或者一個意義、價值和立場的循環，看作一種整體性的
幻覺。巴巴不是將身分的「誤認」看作否定或混淆的問
題，而是看作對矛盾性的探索並度過它，這種矛盾性存
在於用以架構主體的「真實性」和幻想性、社會性和心
理性之間。總之，巴巴是在精神分析中探索認同，在精
神分析中協商身分[19]。

　　尤其使巴巴感興趣的是這個時代中精神分析時間性
的性質。精神分析的認知論假設和倫理探索出現於其對
「延誤的行動」的探索。它要求我們不斷地探討「現在
的過去」，去協調記憶與歷史的關係，去重新在社會性
的建構中定位心理性（或者反過來）。事件發生的時刻
或許沒什麼意義，一個行為的「能動性」（agency）也許

不得不在一種時差中、在遠離其發生的地方被解譯。兒
時的創傷或許直到生命很晚的時候才將自己表現爲某種
症狀，但那原始時刻「本身」並不是一個原因或源泉；
它已經被翻譯了、重新闡發了。精神分析從來不僅僅專
注於「位於現在的過去」，而是追趕一種預想的過去，
一種死去是爲了再生的過去，以便我們能夠在將來存
活。巴巴認爲精神分析認眞考慮「存活」的問題。存活
是日常的能動性，是群體或個人在主要事件或宏大敘事
之間隙的策略性行動和活動。日常生活的物質實踐需要
持續的倫理關注。當我們按照構成正常的規範性原則來
閱讀歷史時，人類生活中那些資訊豐富的暗示很容易被
丟失，而精神分析允許人們藉以思考的，是邊界的偶然
性[20]。

　　巴巴認爲馬克思主義和精神分析學都具有「高度的
衝突性」，「如果想要它們有用的話，那麼它們的條件
和概念就必須被不斷地協商」；但是，佛洛依德將潛意
識複雜化了，他在意識的層面上引入了差異、幻想、移
位等原則，而這是馬克思沒有做過的[21]。下面我們將考
察馬克思主義對巴巴思想的影響，以及它們之間的不
同。

七、馬克思主義

　　巴巴的理論無疑是在試圖尋求一條意在反對殖民霸權及其後果影響和後殖民霸權狀況的道路，那麼它與馬克思主義的批判理論之間的關係又是怎樣的呢？他曾經指出，「與殖民地狀況更切合的不是馬克思主義式的主奴辨證關係的解讀方式，而是對立的、有差異的拉岡式的『他者』方式」（LC 32）。巴巴承認，二十世紀甚至是二十一世紀的思想家，如果不受到馬克思的影響，那簡直是不可能的，這一點是無庸置疑的。這主要是因為馬克思主義理論從意識形態上解釋了物質條件的中介。

　　巴巴認為他與馬克思主義觀點的區別主要有兩點。首先，從較為廣泛的意義上看，馬克思主義聚焦於階級差異問題，而巴巴對殖民和少數族化的興趣則提出了一整套不同形式的社會差別和社會歧視、種族、性別、世代、地緣政治運動、移民等一系列問題，巴巴將其總稱為社會少數族化過程；根據馬克思主義者的觀點，它總是扮演附屬於階級的角色。巴巴認為自己致力於民主

化，認為階級是社會差別的因素之一，階級必須與各種
其他的思想家一起來解讀。故此，巴巴熱衷於葛蘭西的
倫理觀念與政治觀念，因為透過葛蘭西的這些觀念，人
們會有機會將階級置放於與社會差異的其他形式的關係
中，並重新測度政治力量的問題或者重新言說政治力量
的問題。

　　巴巴還強調歷史和社會事件中的偶然性問題。在巴
巴看來，馬克思主義更加關心因果關係和決定論的因果
關係，而巴巴則更著迷於在建構歷史局面和意義叢中偶
然事物的位置及其運作。另外巴巴還關心潛意識在建構
政治理性和社會理性中的整體位置，以及表述的地位，
關心社會意義的「半狀態」（semiosis）等問題，社會意
義的半狀態是創造任何歷史運動或歷史事件的重要參與
者。所以在巴巴看來，馬克思主要強調生產的客觀條
件，而巴巴同時也對它與文化再生產、社會再生產和主
體化之間的關聯很感興趣[22]。

　　另外，巴巴對德希達和傅柯也很感興趣。德希達給
了寫作的整體行為本身（即他所說的「書寫」）某種能
動性。寫作是構成一種主體感、文本感和社會感的東
西。德希達能夠將寫作問題帶入建構我們的理想、生活
世界或社會文本的中心。更重要的是，德希達認為，在
社會世界對意義的表述中，沒有透明性，沒有必要的共

時性，因此，只有透過中介協調、透過他所謂的「異
延」、透過「時差」、透過「移位」，意義方才能夠被建
構。這在殖民地文化中引起了特別的共鳴，故而巴巴發
覺這種思考殖民地文本中的「異延」或者「延緩」的方
式是非常有益的。而傅柯認為，所有的話語都是關於授
權或認可的。所有的話語無一不被包含或暗含在權力鬥
爭中，所以，任何或全部的霸權位置也都固有地、潛在
地帶有源於敘述的抵抗立場位置。傅柯將處在一種矛盾
的、論辯性關係中的權力與抵抗或主權與從屬性，看作
是一場圍繞著權威和關於作者資格的鬥爭，而不僅僅是
政治權威，相反，在表述的領域內，也是關於作者資格
的問題；傅柯這種看法使其作品具有了一種不可抗拒的
吸引力。除此之外，巴巴在不同程度上還受到巴赫金、
布斯（Wayne Booth）、德曼、詹明信、李歐塔等人的文
學、文化思想的影響。除了上述思想家或理論家，巴巴
還對很多著名作家如摩里森（Toni Morrison）、魯西迪
（Salman Rushdie）、康拉德、葛蒂瑪（Nadine
Gordimer）、芮琦（Adrienne Rich）、渥克特（Derek
Walcott）、柯慈（J. M. Coetzee）等都非常感興趣，常常
在批評分析中引用、或者直接分析他們的小說或詩作。
在巴巴看來，這些作家都對少數族（化）問題、差異問
題、國家未能兌現民主諾言等問題感興趣。民主的許諾

沒有兌現，他們因爲性別或是種族的緣故被排除在外；
更重要的是，這些作家都致力於發現一種能夠反映這些
問題的敘述結構與敘述方式。他們運用敘述來從事歷史
表述的工作，而且並不僅僅創造出、或者僅爲讀者提供
一種社會現實主義的感覺，他們離棄了更加透明的、更
加穩妥的現實主義傳統，而是採用了一種複雜的敘述結
構，使讀者能夠參與其中，思索他們生活中複雜的道德
問題。

在有一次談到自己在學術成長中所受的影響時，巴
巴聲言自己不可能不透過思考各種思想如馬克思主義、
符號學、精神分析、女性主義、社會主義或後結構主義
等去思考後殖民狀況。譬如女性主義對巴巴找到自己的
立足處就尤爲重要，因爲它在解譯身體政治的歧視性結
構時，認眞對待身體的位置——心理、情感、皮膚、自
我、幻想[23]。巴巴複雜的生活、求學及工作經歷、其廣
博的知識和學術興趣、其寬闊的批評視域等，都告訴我
們他所受的影響不是單線式的，而是錯綜複雜、交叉互
染的。並且這種影響隨時會增添消長，新的影響也會不
斷地加入。我們更不能把一個人，尤其是一個複雜的知
識份子所受的影響看成是一堆作品或者一群人的印象疊
加，巴巴說，「影響不是一條思想的河流」，卻更像一
種解決問題的活動，更像是對你自己的或者別人思想的

一種調解和干預。所以說，「影響更像是網路，而不是
整體性的思想傳統」[24]。

註釋

1 Homi Bhabha, "Between Identities," interviewed by Paul Thompson, in Rina Benmayor and Andor Skotnes, eds., *Migration and Identity* (International Yearbook of Oral History and Life Stories, Vol. III) (New York: Oxford University Press, 1994), p.187.

2 祆教由先知索羅亞斯德（Zoroaster，亦作Zarathustra）於西元前六世紀左右在波斯創立，又稱拜火教，講究善惡二元論。印度、巴基斯坦的教徒稱爲the Parsees。參見黃文儀主編，《牛津當代大詞典》（台北：旺文社股份有限公司，1989），頁1336、2100。

3 Hamish McDonald, "India: The Parsi Dilemma: Dwindling Community Faces Questions of Identity and Orthodoxy," *Far Eastern Economic Review* (Oct. 7, 1993), pp. 36-38.

4 Homi Bhabha, "Between Identities," pp. 183-184.

5 Homi Bhabha, "Between Identities," p. 185.

6 Homi Bhabha, "Between Identities," p. 185.

7 Homi Bhabha, "A Global Measure," presentation on the "Forum on Postcolonialism" at Tsinghua University in June 2002.

8 廖炳惠，《回顧現代：後現代與後殖民論文集》（台北：麥田，1994），頁26-28。

9 Homi Bhabha, "Between Identities," p. 187.

10 Kalpana Seshadri-Crooks, "Surviving Theory: A Conversation with Homi K. Bhabha," in Fawzia Afzal-Khan and Kalpana Seshadri-Crooks, eds., T*he Pre-occupation of Postcolonial Studies* (Durham and London: Duke University Press, 2000), p. 369.

11 Homi Bhabha, "Between Identities," pp. 187-188.

12 Homi Bhabha, "On the Irremovable Strangeness of Being Different," in "Four Views on Ethnicity", *PMLA (Publications of the Modern Language Association of America)*, 113: 1 (Jan 1998), pp. 34-39.

13 Kalpana Seshadri-Crooks, "Surviving Theory," pp. 369-371.

14 Homi Bhabha, "Between Identities," pp. 189-190.

15 Homi Bhabha, "Between Identities," pp. 188-189.

16 Kalpana Seshadri-Crooks, "Surviving Theory," pp. 375-377.

17 霍米·巴巴,〈後殖民性、全球化和文學的表述——霍米·巴巴訪談錄〉,《南方文壇》,2002,期6,頁35。

18 廖炳惠,《回顧現代》(台北:麥田,1994),頁26-28。

19 Homi Bhabha, "Between Identities," pp. 191-193.

20 Homi Bhabha, "Speaking of Postcoloniality, in the Continuous Present: A Conversation," in David Theo Goldberg and Ato Quayson, eds., *Relocating Postcolonialism* (Oxford: Blackwell Publishers, 2002), pp. 15-46.

21 霍米·巴巴,〈後殖民主義、身分認同和少數人化——霍米·

　　巴巴訪談錄〉，《外國文學》，2002，期6，頁61。

22 霍米・巴巴，〈後殖民主義、身分認同和少數人化〉，頁61。

23 Homi Bhabha, "Speaking of Postcoloniality, in the Continuous Present," pp. 15-46.

24 霍米・巴巴，〈後殖民性、全球化和文學的表述〉，頁35。

第四章
霍米・巴巴的理論概述

一、巴巴理論發展的三個階段

　　直到上個世紀八〇年代，巴巴還是文學理論界一個沒沒無聞的英文講師，可到了九〇年代，巴巴一躍成為蜚聲國際文壇的理論大師，甚至其著作也與薩伊德、法農和史碧娃克等的著作並列變成了後殖民理論的「經典傳統」了[1]。他所主編的《民族與敘事》和他唯一的論文集《文化的定位》成為文學理論和文化研究領域學人的必讀之書；而學界曾將薩伊德、巴巴和史碧娃克三人稱為「聖三一」，喻三人雖然理論「位格」不同，皆獨立支撐起一片清理後殖民殘局的天空，但宗旨頗為一致，都意在解構帝國主義的殖民主義神話、消解西方（歐美）中心主義及其二元論、揭穿西方現代性的進步性和普世性的偽善面具、重建底層民眾和「少數族」的主體性。

　　1990年，在巴巴的《民族與敘事》出版時，學界就給予了高度的評價，如史碧娃克就指出，該書是「充滿了激情，其範圍涉及全球，給人留下深刻的印象，該書

也使得民族的異質問題清晰可見」。在巴巴看來，民族
就是一種「敘述性的」建構，它產生於處於各種競爭狀
態中的文化成分的「混雜性」互動作用。既然民族的
「混雜性」是不可避免的，文化上的身分和認同也不例
外[2]。到1993年《文化的定位》第一版出版，更是引起
了學界的巨大震動，並成為文學專業學生的必讀之書。
該書收入了他於八○年代中至九○年代初撰寫的幾乎所
有重要論文。作為巴巴的代表性著作，文集系統地體現
了他的後殖民批評思想。他的後殖民理論和批評的一個
重要方面，就是探索殖民主義的經驗和帝國之終結形塑
文化、同時又被文化形塑的方式[3]。

　　吉爾波特曾將巴巴的學術經歷與理論發展分為兩個
階段：大約從1980年到1988年為第一階段；八○年代末
到1996年為第二階段[4]。在第一階段，巴巴的主要興趣
在殖民話語分析上。不過與薩伊德對中東問題的關注不
同，巴巴的關注在於英國在印度殖民統治史上的文化交
流歷史及其文化後果。巴巴試圖超越殖民關係分析的二
元對立而獨闢蹊徑。巴巴透過對帝國語境下的身分形
成、精神影響和潛意識作用等問題進行再反思，把人們
對早期殖民話語分析的關注，轉移到殖民者與被殖民者
主體性的建構和分化的方式上來。巴巴認為，殖民者與
被殖民者的關係要比薩伊德和法農所說的更為複雜、微

妙，在政治上更加含糊。這主要是因為在殖民關係中，
精神影響和身分區分的矛盾狀態（如對「他者」的欲望
和懼怕），使殖民者與被殖民者無法以一種「天衣無縫」
的對抗模式存在。

　　第二階段自二十世紀八〇年代末至九〇年代中期
（1996），巴巴主要致力於殖民地歷史遺留問題、尤其是
殖民主義在文化上所造成的後果的研究，後殖民話語與
後現代主義之間的複雜衝突的關係，以及關於文化碰
撞、種族、國家、民族淵源的傳統話語和這些傳統話語
對當代文化關係有何意義的研究。巴巴一方面似乎認
為，殖民鎮壓和種族滅絕行為預告且證明了諸如理性、
進步、人道主義等現代性觀念的幻滅，另一方面，巴巴
也認為，當今世界尚未形成一種新的（後）現代文化格
局。現代性之所以不能被看作是完成的，乃是因為在某
些關鍵方面，那種假定的後現代世界其實保存了現代性
的某些消極面並使之永久化了。巴巴因而提出了「後殖
民的反現代性」（contra-modernity）這一說法，這種反
現代性透過重溫並修訂被殖民者受壓迫的歷史與社會經
歷，而對後現代性形成一種破壞作用[5]。

　　2000年，吉爾波特又撰文指出，巴巴在最近的著作
中，將很多對「殖民語境中能動性、身分和統治與被統
治形構關係的思考，運用於對後殖民的、更具體地說是

對當代移民經驗的分析中，巴巴尤為關注文化間際協
商、政治抵抗和心理認同的種種過程，這些過程必然存
在於相同的都市（宗主國中心）空間中的不同文化的鄰
近狀態中；與殖民主義情形不同，這些過程都有一種至
少是表面上的平等關係」[6]。沿著吉爾波特以前的思
路，我們可以將這一階段暫定為巴巴批評事業的第三階
段，時間是從1996年直至現在[7]。巴巴在這一階段更加
將注意力從前殖民地轉到普遍的後殖民文化狀況，從第
三世界轉到所謂的「第四世界」——由移民、難民、流
散者所形成的世界，比較關注全球化背景下西方多元文
化社會中的公民權、敘述權，宣導一種「本土世界主
義」。當然，巴巴對無論由於何種原因而客居他鄉者和
一種混雜的世界主義一直有所論述，不過最近顯得尤為
突出。

　　下文就巴巴在各期所涉及的關鍵性論題做一概述，
並簡要闡述在國內很少被論及的「第三空間」、「文化
翻譯」和「文化身分」等重要概念；巴巴的另外一些重
要概念如「混雜性」、「矛盾狀態」、「模擬」、「少數
族化」和「世界主義」等，我們將另外作專門論述。

二、民族敘事與文化的定位

　　巴巴主編的《民族與敘事》所涉及的內容，從時間上跨越兩個世紀，在空間上跨越了四大洲。它主要批判了一種本質主義的民族性。這種本質論試圖將第三世界的民族或國家界定為、甚至自然化為一種恆定不變的本質；其方法是將它們假定為同質的、天然的、歷史上一貫如此的傳統，因而虛假地規定並確保了它們的低賤地位。在巴巴看來，民族是敘述的建構物，它來自不斷衝突的文化各要素之間的混雜互動。巴巴指出，該書的重點並不是個別「民族空間」的「疆界或限制」，而是關注總可協商的「民族的邊緣」，它有「使中心發生位移」的潛能。

　　有評論者說，本書「重寫了很多早已為人接受的知識，富有挑戰性，將會激起長期以來為人忘卻的關於文學批評領域的爭論」[8]。巴巴對民族及其佈局完美的宏大敘事原則提出質問。這是一種不但在中心、也是在民族的邊緣處、疆界上，對民族始源、言說和規則那消抹

不掉的但又看不見的空間的追尋。這既是一種思想探索，也是一種對民族論壇固有的運作空間及其語言地域的衝擊。《民族與敘事》在表層上關注種種矛盾性敘述與話語，透過這些敘事與話語，公民們想像出自己的「民族性」感覺。但這種想像行爲中內含固有的不確定性，這自覺地反映在本書的文學批評和理論批評當中。巴巴提供給讀者的是位移的不確定狀態，而非試圖「統一」構成「民族」的各種文化傳統的「嚴肅的威權性散文」或什麼「英雄敘述」。儘管書中各論文涉獵的範圍、時間極廣，但作者們卻都非常關注民族的建構性力量；歸屬性、連貫性和發散性的民族原則；以及這些因素作爲權力和書寫、霸權及其不滿之策略的特徵。作爲一個整體，本書有一個主導方向，那就是：要動搖攪擾對民族的「地址與言說」（address）──其「定位和語風」（location and locution）──的閱讀。

　　巴巴對《民族與敘事》的主要貢獻是文集的壓軸之作〈播撒民族〉（“Dissemi Nation”）。有論者指出此文是「巴巴於『民族性被從文化上建構爲一種社會和文本的契合』中探索時間性向度的一篇原創性論文」[9]。巴巴在文章中區分了在表述民族中的時間性的兩種範疇：訓導式的和演現式的；換言之，他將文化問題重新構思爲擁有兩種特徵──訓導性和演現性。某民族的人民被雙

重刻寫爲訓導性目標和演現性主體，他們的這種二重性導致一種對抗敘事，反對歷史主義對社群的自然主義式連續性敘事。一種民族文化是各種時間性的聚合——現代的、殖民的、後殖民的、本土的——它們解構了「『經典性』民族的理性主義的和進步論的邏輯」（NN 303）。

由於二十世紀晚期民族社群的流散、流亡，代表著戰爭、種族主義、饑荒、殖民主義、政治暴虐和難民的眞正歷史，變成了一種部分性文化、邊緣性實體。在後來發表的一篇論文中，巴巴憂傷地寫到：「在冷戰的鷹派政治之末尾，沒有和平鴿在飛翔。民族主義抱負將文明的價值轉變爲種種形式的種族隔離」[10]。巴巴因而將目光從前殖民地拉到廣泛的後殖民社會多元文化背景下的少數族裔身上。對民族過去的虛構就是從現代社會的差異性的、斷裂的文化現在和在場的一種轉離。但在其後顧之中，民族身分（nationhood）的現在變得矛盾而充滿焦慮。巴巴於是提出文化的「少數族化」概念作爲走出當前焦慮的困境的一種策略。文化的「少數族化」是在一個滿是跨民族的、移民的社會力量的世界上，表達文化差異的民主可能性的一種激進方法。巴巴進而推崇產生一種新世界主義的可能性：它會依照偉大的後殖民和世界主義的中心模式，透過文化疆界的混雜而被發現、被產生。

　　後殖民論者都關心「民族主義」這一術語的局限性：它在描述跨越世界的全球性勞動分工過程中那些交叉重疊的、遷徙流動的文化形式時顯得有些力不從心。為了處理這些衝突的文化差異中的「居間的」（in between）範疇，巴巴在《文化的定位》序言中試圖揭示穿越種族差異、階級差異、性別差異和文化傳統差異的文化認同的「閾限」協商。巴巴指出：「正是在間隙的現身之處——差異之領地的交疊和異位——民族性、社群利益、或文化價值的主體間性的和集體經驗被協商的。……儘管這些社群共有被剝奪遭歧視的歷史，但是，價值、意義和優先權的交換或許不總是合作性的和對話性的，而是有著深刻的矛盾衝突的，甚至是不可通約的」（LC 2）。

　　巴巴認為，如果我們太過強調、甚至崇拜文化、民族認同或傳統，或者如果這種鏈結變成強烈的民族主義，就會導向一種限制性共謀，會將我們帶回到十九世紀那陳舊的社會文化範式中。對民族身分的本眞性太過專注，將導致一種「權威性的」或「嚴父式」的凝視。本眞性會放縱一種本土或土著「歸屬」的限制性感覺；種種不同歷史的結果，被歸化為民族神話本身。但與此同時，巴巴也意識到目前在世界上很多地方，人們正在拚命爭取這種社會形式：「我們不可能完全除掉作為一

種觀念或政治結構的民族，但我們能夠承認其對我們時代的歷史的局限性。我們能夠，我們也應該同時譴責以一種完全不恰當的方式強加於人民頭上的國家的地位和民族主義」[11]。

關於後殖民主義語境下文化定位的討論，主要體現於巴巴的專著《文化的定位》中。該書反覆地評論了民族、邊緣、地域、位移和居間的疆界等問題，解釋了將西方的現代性文化置於後殖民視角中加以重新定位之原因與相應策略。也就是說，既然發明現代西方主義的種種範疇不再能夠支持它們的全球性權威，那麼，被殖民者應如何在現代西方重讀他們的時間地理和空間地理。巴巴關注對主體位置或身分立場的持續意識和重新創造，無論是種族的、性屬的、性取向的，還是建制性的或地緣政治的。巴巴指出，「多元文化主義」目前已失去合法性，而貫穿全書的一個具體問題就是如何爲其找到一個認知論的「替身」。這就引出了一種基於「文化多樣性」的多元文化主義模式，與一種作爲「文化差異」的「文化互動」模式之間的區別（LC 34）。

巴巴從多種視角檢視了後殖民社會中的文化意義和語境。巴巴的討論範圍也極爲廣泛，除了對較爲傳統的經典性殖民主義文化寫作如康拉德和福斯特進行分析外，還包括對法農作品和當代著名後殖民詩歌和小說的

閱讀，如摩里森、魯西迪、奈波爾、柯慈、渥克特和芮琦等的作品，同時也包括了一些名不見經傳的文本如電影《漢茲沃斯歌謠》等。本書的內容是多學科的，它跨越差異巨大的種種學術前沿，從文化到形而上學，從政治到宗教，從心理學到歷史學。本書富有挑戰性且發人深省，迫使讀者對自身在歷史和文化話語中的位置進行重新思考。

　　巴巴的後殖民理論與其他的「後」理論一樣，都帶有一種「修訂和重構的精神」，意在透過攪擾已經建立的表述疆界，改革現存的計畫。在《文化的定位》中，有他按照佛洛依德的拜物主義理論所做的種族「定型」（stereotype）的分析；有對作爲打亂殖民地權威的一種模式的「模擬」（mimicry）的探討；有對關於英國殖民統治的文本閱讀，以表明殖民管制策略的破裂；還有引入巴巴的「品牌」概念──「混雜性」──的〈被視爲奇蹟的符號〉。晚近一些的文章透過更加「時髦」地專注於「能動性」（agency），延伸了對殖民主體性問題的思考。本書還包括〈種族、時間和修訂現代性〉，指出將「種族」理解爲文化差異的一種差異性的發聲。唯一一篇以前未發表過的文章是〈新意是如何進入世界的〉，它再一次探討了能動性問題，並關切「翻譯詩學」和「移民經驗」。

　　馬寇斯（Jeff Makos）指出，巴巴此書有兩個重要
的目標。其一是要指出，不但帝國主義者、而且民族主
義者對於殖民主義的觀念，都常常錯失了在文化前沿展
開的社會政治鬥爭的重要性和複雜性。他們錯失了「日
常」鬥爭——那些爲了平等、生存和文化自主權而進行
的微妙而平常的鬥爭。巴巴強調「小歷史」，那些日常
的不太爲人注意的、模稜兩可、似有似無的模糊演現。
這樣的對抗是殖民地人民倖存、保存本土文化的重要手
段。另一個目標是檢視文化翻譯（cultural translations）
的問題[12]。巴巴關心在不同的語境中文化是從何種立場
彼此關聯的。因此人們亟需關注各種文化是如何彼此共
存的：它們使用什麼樣的含納模式以便既能言說它們之
間的差異又能參與共同的協商、從事共同的追求。巴巴
認爲，沒有必要先是同化各種文化，然後又故作姿態，
給予不同的文化群體表達的權利。我們必須反過來看問
題。在我們能眞正思考文化對彼此言說的方法之前，必
須首先要尊重差異（LC 1-18）。

　　在通常的用法中，文化多樣性和文化差異這兩個術
語是可以互換的，一般都指文化的多樣性以及承認這些
多樣性，以避免普世性的文化規定性的需要。然而，巴
巴在其〈獻身理論〉（"The Commitment to Theory"）一
文中，將這二者對立起來以區分兩種表述文化的方式

[13] 。巴巴指出，文化多樣性有賴於「認可事先給定的文化內容和風俗習慣」，它助長了像多元文化主義、文化交流或人類文化等自由主義觀念；也有賴於一種「身分的」本質主義觀念，這種觀念導向強調文化相對性和「一種總體化文化之分割的激進修辭，它未受這些文化的歷史性定位的文本間性的玷污」（LC 34）。巴巴強調後殖民經驗或移民經驗對主流文化並不簡單就是敵對關係，而文化多樣性觀點卻將文化之間的差異固定化、絕對化了。文化差異則強調要對「總體的文化合成的權威」持有一種疑問的態度（LC 20），強調「表意性的文化邊界」（LC 34）。簡言之，主體的特徵中較少帶有什麼話語的「固定性」，而更多的帶有一種話語的「流動性」和「彈性」。文化差異是一種針對「殖民地權威」的抵制模式，在殖民地的表意領域內，文化差異聲言一種對於符號的「誤讀」或「誤用」（LC 34），這就在發聲的層面上產生出一種話語的不穩定性，這種富有成效的「曖昧模糊」解構了殖民話語邊界的固定性，並建構起「混雜的身分認同」（LC 38），它「超越」了殖民者／被殖民者的二元對立。

　　巴巴指出，今日文化的定位不再來自傳統的純正核心，而在不同文明接觸的邊緣處和疆界處。在那裡，一種富有新意的、「居間的」、或混雜的身分正在被熔鑄

成形。在我們多元的、後現代的時代中，邊界越來越定
義著核心，邊緣也日益建構著中心。巴巴在這裡旨在張
揚一種少數族的、移民的文化視角：「最真的眼睛現在
也許屬於移民的雙重視界」；認同一種「之外」的修訂
式干預空間；提倡一種「新世界主義」；質疑西方傳統
宏偉的現代敘事，鼓吹一種逆反現代性或者「現代性的
別樣選擇」[14]。

　　另外，巴巴還對「第三空間」、「文化翻譯」以及
「文化身分」等概念都有深刻獨到的闡發。巴巴在解析
芮琦的詩歌時曾經指出，她的詩語將我們實實在在置於
一種干預的空間。巴巴接著提出：「在文化翻譯的過程
中，會打開一片『罅隙性空間』（interstitial space）、一
種罅隙的時間性，它既反對返回到一種原初性『本質主
義』的自我意識，也反對放任於一種『過程』中的無盡
的分裂的主體」[15]。這就是「第三空間」。巴巴提出第三
空間概念，是為了「挑戰我們的文化的歷史認同：作為
一種同質性的、統一的力量，並且被原始性過去所本真
化了」（LC 37），也是為了「否定我們的始源感」並打
破這種固定性。「透過表述主體的表意過程中的一種分
裂」（LC 24），理論和文化分析將變成一個創新的場
地。第三空間並非是差異的或抗爭性的立場位置的大結
合，相反它「既非這個也非那個（我者或他者），而是

之外的某物」（LC 28）。這種分裂或第三空間是潛意識
的、不確定的和「本身是無法表述的」（LC 36-37）。正
因為此，巴巴指出第三空間是一種干預文化批評的力
量，它「在闡釋的行為中引進了……一種矛盾性」（LC
36）。透過「矛盾性」，第三空間是「文化認同的演現性
現在之中的一種分裂，傳統文化主義對一種模範、一種
傳統、一種社群、一種穩定的指涉系統的要求，以及對
在政治現狀中新的文化要求、意義、策略的發聲之確定
性的必要的否定之間分裂」（LC 35）。第三空間和模糊
性透過確保「文化的意義和象徵並沒有原始的統一或固
定性」（LC 35, 37），而使我們遠離對「參照性真理」的
盲信與獻身。因此，第三空間的干預破壞了我們對「霸
權」和「始源」等的信念，並「使得『政治性』」理論
批評成為可能」（LC 24）。最後巴巴指出，這種「話語
的矛盾性」或第三空間將創造「一種神秘的不穩定
性」，「預感預知」文化體制的「有力的文化變革」（LC
38）。儘管第三空間是潛意識的，巴巴指出我們也可以
獲得它。我們可以透過經歷一個「協商互相矛盾的和對
抗性的例證／事例」來體會到這種「闡發的分裂」（LC
25）。

　　基於對自由主義的文化觀的質疑，巴巴引進了「文
化翻譯」的概念。自由主義試圖將自身客觀化為一種普

泛性知識或一種正常化的霸權實踐，文化翻譯的混雜性
策略則開闢出一塊協商的空間。在這一空間裡，權力是
不平等的，其發聲是曖昧而有歧義的。這種協商既非同
化亦非合謀。它拒絕社會對抗的二元對立式表述，使得
一種「間隙性」能動性的出現成爲可能。透過這種混雜
化的文化差異的邊界協商，即文化翻譯的過程，可以創
造出一種完全不同的「利益群體」或社會運動的文化。
這裡的親密契合或許是對抗性的、矛盾的；團結或許只
是臨時的、策略性的；共通性經常是透過社會利益和政
治要求的「偶然性」協商來的[16]。後殖民批評話語需要
辯證地思維，而不否認構成心理認同和社會認同的象徵
領域的他者性。後殖民批評家所說的文化價值和優先權
的不可通約性，不能被容納於一種相對主義中，後者假
定有一個公衆的和對稱的世界。而文化翻譯能夠轉變作
爲符號的文化的價值。

　　巴巴指出，其實有兩種文化翻譯，一種是殖民者的
同化手段，一種是後殖民批評家所提倡的作爲文化存活
策略的文化翻譯。殖民者相信可以透過文化翻譯來同化
異域文化、征服新的空間。故巴巴贊同一種文化翻譯的
「錯誤規則」（misrule of cultural translation）：它遊移於
語言系統或文化傳統之間，從而在實施過程中引入一種
偶然性因素或不確定性，它不事先存在於任何單獨存在

的文化或語言中；它並不僅僅是挪用或改寫，它還是這樣一種過程：透過它，文化被要求修改它們各自的指涉、規範和價值系統，離開原來它們自己傳統的或「天生的」轉化規則。模糊與對抗總是伴隨著所有的文化翻譯行為，因為與「他者的差異」協商暴露出我們自己的意義與表意系統的嚴重不足；它也展示了那些我們藉以體驗自己的文化本眞性和權威的「感情結構」的不足。

我們所說的文化翻譯或文化轉換，其實就是對殖民者或當今歐美強勢文化之「文化翻譯」的規則誤用，是以子之矛攻子之盾的被「誤譯」過的文化翻譯。在《文化的定位》中，巴巴指出在文化領域內，舊的民族疆界已經坍塌，中心業已消失，文化已經變為一個翻譯式的、跨民族的意義生產過程。正是在這種翻譯的、跨國的罅隙中，新的意義、新的時間性出現了。他堅持，文化差異的主體居於文化和歷史的罅隙中，採取了班雅明的翻譯過程中的抵抗位置（LC 224）。矛盾的移民文化、間隙性少數族立場「將文化的不可翻譯性活動戲劇化了」（LC 224），並因此揭示出居間之不確定的暫時性。

巴巴多次指出，作為一種「存活策略」的文化既是跨國的又是翻譯的，翻譯性是文化的重要特徵之一。文化是跨國的，這是因為今天的後殖民話語植根於文化位

移的具體歷史之中，無論是奴隸制和契約勞工的「中間通道」、文明化使命的海外延伸，還是在第三世界之內或向外部逃亡的經濟難民和政治難民等等。而文化又是翻譯的或轉換的，這是因為這些移位的空間歷史，現在又加上全球性媒介技術的疆界擴張，使得文化涵義以及文化如何表意等問題變得錯綜複雜。

文化轉變——移民、流散、位移、重新定位——的跨國性面向，將文化翻譯的具體化的或地方化的過程轉化為一種複雜的表意過程。因為「民族」、「人民」、「民間」傳統——這些深深埋植的文化特殊性的神話——這些自然的（或自然化了的）、統一的話語，不能被輕易地用作參照的尺度。這一立場使人們越來越意識到文化的建構、傳統的發明、社會歸屬和心理認同的逆動性質。正是從這一混雜的文化價值定位，即作為翻譯性的跨國性上，後殖民知識份子試圖闡述一種歷史的和文學的計畫[17]。

在接受廖炳惠採訪時，巴巴曾申述過自己在身分問題上所感受到的悖論與張力，巴巴說：「我一直對自己的邊緣而又處於疆界的身分感觸良多。不過，我比較關心的是從這種身分得出的文化意義，並不只是個人立時的意義而已」[18]。巴巴在主流為印度教徒和穆斯林的印度就是移民的後裔，是未受到迫害的少數族；他們由於

經濟富足而有一種優越感，但文化傳統的匱乏、歷史源
頭的斷裂、政治上的無權無勢，又使得他們有一種自
卑，感覺沒有眞正融入印度社會中去。等到了英國和美
國，這種感覺也縈繞不去，巴巴曾說，作爲一個來自印
度的「後殖民土著」，他先是在一個「印度集市」上學
到了道德，然後又在「紳士俱樂部」（牛津大學）學會
了文學，在「集市」和「俱樂部」之間的關係是更爲論
戰的和模糊的，在它們之間存在一條「焦慮的通道」
[19]。身分的「焦慮」對巴巴而言是一種永遠的張力，是
與移民之地位與生俱來的宿命，但或許正是因爲有了這
種張力與宿命，一個敏於感知的學者才獲得了一種觀察
的新視角、一種批評的原動力。

　　主要是由於後結構主義對傳統身分觀的顛覆性影
響，現在很多人已經開始認識到，身分不但是被建構起
來的，而且是依賴某種「他者」而建構起來的，這種認
識潛在的進步意義就在於，質疑壓迫者（種族主義者、
殖民主義者、帝國主義者、獨裁者等）所自我聲稱的身
分的優越性，而邊緣群體和受壓制群體則可以藉此挑戰
並重新協商強加給他們的他者身分，去爭取公民權。而
激進的後殖民理論家已經把這些當作了後殖民批評的基
本目標。巴巴認爲文化認同不能被歸因於規定族群傳統
的事先給定的、不可化約的、規定好的、非歷史的文化

特性。也不能把「殖民者」和「被殖民者」看作分開的實體，好像它們可以分別定義自己一樣。相反，巴巴認為文化認同的協商關係到文化演現的不斷接觸交換，這種交換反過來又產生了對於文化差異的相互的而又易變的認可或表述。

在身分的建構中，巴巴推崇一種「雙重身分」。身分是透過差異的、不對等的認同結構形成的，而正是透過這些疆界，我們的社會關係被闡發、被建立。身分問題就是如何去建構一套、一系列身分，而不是定位於某一種身分，但這並非是「多重身分」。所謂「多重身分」其實是一種誤稱，它引入了一種虛妄的多元主義，就好像有很多身分可以選擇一樣。但巴巴更推崇從精神分析角度所做的表述，因為它總是將主體視為某種矛盾的、協商性的現象。

因而巴巴強調的是在建構「一個」主體中的實際的衝突性鬥爭。主體的雙重性、矛盾性和衝突性，必須為了社會分析和文化分析而被理論化、被探討。但巴巴的雙重身分，不是說有兩個身分，而是要指出身分協商的重複性，及其連續的重複、修訂、重新定位，沒有哪次重複與前面的是一樣的[20]。巴巴拒絕（或許是無奈地）一種始源性的、穩固的民族／文化的身分認同，而寧可選擇一種矛盾的、協商的和演現式的雙重身分，寧願據

守自己那不確定的移民身分。那麼，巴巴到底從自己邊
緣的、疆界處的身分中，獲取了何種「文化意義」呢？
我們從這種後殖民主義的邊緣身分觀中，可以獲得什麼
教益呢？

　　巴巴從自己少數族的視角思索：遭受「漠視」會使
人超越對立——如中心和邊緣的偉大敘述，都市主義和
邊緣化之間、東方和西方之間的兩極對立——並使人看
到其根源。超越這種文化認識和價值的二元對立表述，
也並不意味著要否認歷史傳統的特性、民族歷史的差
異，或者經濟強權和統治之間那不可否認的、繼續創造
不均衡、不平等的世界體系的關係。但少數族（後殖民
批評家）的世界觀是由其後殖民起源形塑起來的，他們
的特殊貢獻是拒絕認可那些所謂的文化優越性的傲慢聲
明，那些基於文化等級論、種族優越論或歷史優越論的
淺薄聲明。

　　過去的被殖民人民、當今多元文化社會中的移民，
沒有別的選擇，只能居住於一個「文化之間」的世界，
於矛盾的和衝突的傳統中創造自己的身分認同，他們同
時「既是此又是彼」，或者既非此又非彼，身陷於文化
翻譯的動盪而痛苦的過程之中[21]。但正是透過這種生發
性的文化轉換，爲這些「移民」贏得了寶貴的後殖民視
角、將他們置於一種「閾限性」空間、爲他們開闢出一

片批評的新天地。這，或許就是後殖民文化認同的邊緣
視角對當今世界文化批評的意義。

註釋

1 Gregory Castle, "Editor's Introduction: Resistance and Complicity in Postcolonial Studies," in Gregory Castle, ed. *Postcolonial Discourses: An Anthology* (Oxford: Blackwell Publishers, 2001), p. xiii.

2 王寧，〈霍米‧巴巴和他的後殖民理論批評〉，《南方文壇》，2002，期6，頁40。

3 霍米‧巴巴，〈後殖民主義、身分認同和少數人化──霍米‧巴巴訪談錄〉，《外國文學》，2002，期6，頁57。

4 吉爾波特等人於1997年編輯出版的《後殖民批評》（*Postcolonial Criticism*）中提出這一想法，因此我們將第二階段末尾暫理解為1996年。

5 巴特‧莫爾－吉爾波特等編，楊乃喬等譯，《後殖民批評》（北京：北京大學出版社，2001），頁87-91；同時參閱Bart Moore-Gilbert, *Postcolonial Theory: Contexts, Practices, Politics* (London: Verso, 1997).

6 Bart Moore-Gilbert, "Spivak and Bhabha," in Henry Schwarz and Sangeeta Ray, eds., *A Companion to Postcolonial Studies* (Massachusetts: Blackwell Publishers, 2000), p. 460.

7 由於資料方面的局限，我們暫且將第三階段界定在1996至2002年年底期間。

8 Bryan Cheyette, "Splitting the People," *TLS (Times Literary Supplement)* (Sept. 14-20 1990).

9 Sangeeta Ray, "The Nation in Performance: Bhabha, Mukherjee and Kureishi," in Monika Fludernik, ed., *Hybridity and Postcolonialism: Twentieth-Century India Literature* (Stauffenburg Verlag Brigitte Narr Gmbh, 1998), p. 219.

10 Homi Bhabha, "Anxious Nations, Nervous States," in Joan Copjec, ed., *Supposing the Subject* (London: Verso, 1994), p. 202.

11 Homi Bhabha (Interviewed by Brian Wallis), from "Art & National Identity: A Critics' Symposium," *Art in America* (Sept. 1991), p. 82.

12 Jeff Makos, "Rethinking Experience of Countries with Colonial Past," 網上資料（http://chronicle.uchicago.edu/950216/ bhabha），台灣大學龔紹明博士2002年11月提供。後查出處 爲：*Chronicle* 14: 12 (Feb. 16, 1995).

13 參閱Bill Ashcroft, et al. eds., *Post-Colonial Studies: The Key Concepts* (London and New York: Routledge, 2000), pp. 60-62.

14 Homi Bhabha, "Life at the Border: Hybrid Identities of the Present," *New Perspective Quarterly*, 14: 1 (Winter 1997), pp. 30-31. Refer also to "Introduction: Locations of Culture," LC 1.

15 Homi Bhabha, "Unpacking my Library...Again," in Iain Chambers and Linda Curti, eds., *The Post-colonial Question:*

Common Skies, Divided Horizons (London: Routledge, 1996), p. 204.

16 Homi Bhabha, "Culture's in Between," *Artforum*, 3rd anniversary issue (Sept. 1993), pp. 167-168, 211-212.

17 Homi Bhabha, "Freedom's Basis in the Indeterminate," in John Rajchman, ed., *The Identity in Question* (New York: Routledge, 1995), pp. 47-61; LC 1-9, 212-235.

18 廖炳惠，《回顧現代：後現代與後殖民論文集》（台北：麥田，1994），頁27-28。

19 Homi Bhabha, "On the Irremovable Strangeness of Being Different," in "Four Views on Ethnicity," *PMLA (Publications of the Modern Language Association of America)* 113: 1 (Jan. 1998), p. 36.

20 Homi Bhabha (Interviewed by Paul Thompson), "Between Identities," in Rina Benmayor and Andor Skotnes, eds., *Migration and Identity* (International Yearbook of Oral History and Life Stories, Vol. III) (NewYork: Oxford University Press, 1994), pp. 196-198.

21 Homi Bhabha, "A Global Measure," presentation on the "Forum on Postcolonialism" at Tsinghua University in June 2002.

第五章
民族與敘事

　　霍米‧巴巴對於民族主義的態度是複雜而矛盾的，他對民族、民族與敘事之關係，以及民族主義的論述，最集中地體現在他主編的《民族與敘事》以及後來出版的他自己的論文集《文化的定位》中。因此，本章先從《民族與敘事》開始分析。

一、何謂民族？

　　巴巴在《民族與敘事》的導言中開宗明義地指出：「民族就如同敘事，在時間的神話中失去了它們的源頭，只有在心靈的目光中才能全然意識到自己的視野。這樣一種民族或者敘事的形象似乎顯得極為羅曼蒂克並且具有過分的隱喻性，但正是從政治思想和文學語言的那些傳統中，西方才出現了作為一種強力的歷史性觀念的民族」（NN 1）。由於巴巴關於民族與敘事以及民族國家的觀點在本書中的闡述最為系統，因此，我們不妨先從本書所使用的幾個重要概念談起。

　　首先，什麼是民族？這裡的民族（nation）漢語中也譯為國家，台灣有時譯為「國族」，是指具有共同的

語言、地域、經濟生活以及表現於共同文化上的共同心
理素質的人的共同體。根據霍布斯邦的考察[1]，「民族
／國家」大約出現於一七八〇年代。1882年法國的東方
研究者何南在Sorbonne作題爲「何謂民族」的演講時，
即提及「民族」是相當晚近的發明：「民族……是歷史
中一件非常新的事物。古代對民族是不熟悉的；埃及、
中國、古巴比倫絕不是……我們所理解的意義上的民
族」（NN 9）。那時何南就已經意識到，民族並非「天然」
的實體，它總是容易崩裂爲更小的分支如氏族、「部
落」、語言或宗教群體，這種不穩定性是其作爲社會建
構之本性的必然結果。但戴著意識形態面具的民族地位
之迷思，將民族主義永久化了；在民族主義中，具體的
識別物被用來創造出民族傳統等排外的、同質性的觀
念。何南指出，國家的建立必須透過歷史與文化的建
構，以分享共同的經驗進而形成「生命共同體」，才構
成正式的「民族國家」。這也就是安德森所說的「想像
的社群」。

　　民族不是「種族」（race）。「種族」又稱「人種」，
指具有共同起源和共同遺傳特徵的人群，如黃種、黑
種、白種等。種族是用以將人類區分爲身體上、生理上
和遺傳上不同的群體。種族觀念首先假設人類可被區分
爲不變的自然種類，這些種類透過由血緣傳遞的身體的

特徵得以識別；其次該術語隱含這樣的觀點：人類的個體性格、思想和能力，以及智性和道德行爲等，可以被關聯於種族始源，而有關其始源的知識會爲其行爲提供令人滿意的說明。在文化批評界，種族尤其與殖民主義的興起有關聯，因爲對人類社會做出如此劃分，與殖民主義霸權要建立對臣民的控制以及爲帝國主義事業正名的需要是分不開的。「種族主義」則是指鼓吹種族歧視的反動理論或意識形態，它認可並宣揚各種族生來就分爲優等和劣等甚至更多的等級，而優等民族負有統治管理劣等民族的權力和使命。種族主義不是種族觀念的結果，而恰恰是其存在的原因。如果沒有種族主義中隱含的對等級分類的潛層欲望，「種族」是不會存在的。種族主義也是一種思考方式，它認爲某個群體不可改變的身體特徵可被以一種直接的、因果式的方式聯繫於心理特徵或智力特徵，並以此爲基礎區分出「優等的」和「劣等的」種族群體。

　　社會達爾文主義與帝國主義實踐聯繫十分密切，這尤其反映在帝國主義思想對被殖民主體進行貶低、同時又將其理想化的悖論之中。一方面，對土著的貶低可以用社會達爾文主義來爲統治、甚至滅絕「低劣」種族正名，因爲這不但是不可避免的，而且是自然法則之理想的運用。另一方面，種族提高的觀念與帝國主義意識形

態的「文明化使命」不謀而合，後者鼓勵殖民霸權擔負
起「白人的重擔」，提高低劣種族的條件狀況，此時的
低劣種族又是孩童般的天真而且具有可塑性。在所謂科
學的種族理論的支持下，這種假定的種族優越性就可以
堂而皇之地追求其統霸世界的計畫，而沒有負罪感，更
談不上受懲罰[2]。

　　由於種族一詞假設人類被區分成固定的、遺傳決定
論的生物類型，因而越來越爲人唾棄。從一九六〇年代
始，族群（ethnicity）一詞被越來越廣泛地用以指稱依
據文化、傳統、語言、社會類型和祖先等區分的人類的
不同變化形式。族群指屬於某個族性群體的各種特性的
融合：一種共有的價值、信仰、規範、趣味、行爲、經
驗以及對種類、記憶和忠誠的意識的組合。種族體現爲
一種建立歐洲與其種種「他者」的等級劃分方式，它是
根據固定的遺傳性標準來識別和判斷人的，而族群則通
常被用來表達一種正面的自我認識，它通常爲其成員提
供某些益處。族群是一個透過其他群體和／或自己被社
會地區分或區別的群體，這種區分主要基於文化或民族
特徵[3]。

　　對另一個關鍵字「narration」，我們一般譯爲「敘述」
或「敘事」，前者具有動詞特徵，後者具有名詞特徵，
因此本文將巴巴所編的文集譯爲《民族與敘事》，其實

我們也可以把它理解爲「國家與敘事」或者「國家與敘述」。艾德加等學者說敘事是指「語言被組織成一種結構，因此以一種連貫有序的方式傳達對事件的陳述說明。……霍米‧巴巴提到敘事與認同之間的關係，主要是在民族主義和後殖民主義的領域中」[4]。在這種語境下，敘事就是指民族的文學或文化生產，或者民族的寫作與表述。

二、《民族與敘事》

《民族與敘事》共包括由不同作者撰寫的十六篇論文，它們運用各種批評策略和理論方法，向早已爲人接受的文學經典與文學傳統提出挑戰。巴巴在其簡短的引言中滿意地讚揚了《民族與敘事》「跨國的」或「國際的」眼光；巴巴還指出，該書關注的是可協商的「民族的邊緣」，它有「使中心發生位移」的潛能。評論者包克姆（Ian Baucom）十分讚賞作爲主編的巴巴所體現出的包容性，「巴巴手邊似乎有無窮盡的話語實踐的檔案，並樂意在他的每一篇論文中都給它們說話的機會」

5。

　　巴巴首先對民族及其佈局完美的宏大敘事原則提出
質問。這是一種既在中心、又在邊緣的對民族始源與規
則那無法消弭卻又看不見的空間的探尋。由巴巴帶領的
這種努力既是一種探索，也是一種對民族論壇固有的運
作空間及其語言地域的一種攻擊。儘管書中各論文涉獵
的範圍、時間極廣，從十九世紀的拉丁美洲敘事到澳洲
的「多元文化」閱讀、到英國繪畫、再到非洲和非洲裔
美國人的民族的「傳播蔓延」，但作者們卻都非常關注
民族的建構性力量；歸屬性、連貫性和發散性的民族原
則；以及這些因素作爲權力和書寫、霸權及其不滿之策
略的特徵。本著作整體上有一個主導方向，那就是要攪
擾對民族的定位和語風的閱讀，這當然是編者巴巴的功
勞。

　　文集中的各篇文章之間有著較爲緊密的聯繫。白瑞
爾（John Barrell）的文章細緻入微地討論了十八世紀繪
畫的「英國性」，頗具特色與個性；穆稜（Francis
Mulhern）的文章對李維斯式的文學批評中的種族排外
傾向做出了言辭恰當的批評；而比爾（Gillian Beer）透
過討論吳爾芙的小說探討了英國的「島嶼故事」。所謂
「英國性」已經透過「被自然化」而獲得了巨大的權力
與威嚴，而這幾篇文章都是對此至高無上的「英國性」

進行文化重思的好例子。在澳洲文化方面，顧紐（Sneja Gunew）指出，從後殖民的視角來看，一種殖民性的「英國性」粗糙地形塑了澳洲的「多元文化主義」，但卻犧牲了原住民，她對澳洲在現代社會中對原住民文化的邊緣化，做了很有力度的文學史式的敘述。但杜林的理論觀察給人的感覺則是他是一個澳洲民族主義者，他認為，澳洲的民族主義並不是反對少數族的種族／部落群體的。

　　《民族與敘事》整體編排非常協調，作者們都將文化生產的問題直接聯繫於民族的建構史。譬如騷莫（Doris Sommer）和辛普森（David Simpson）的文章就是很好的例子。騷莫對於「勃發式」小說（"Boom" novel）的拉丁美洲傳統作了評價，很有說服力；而辛普森則對美國詩人惠特曼的詩歌以及十九世紀美國本土主義／排外主義作了饒有趣味的重新評價。這些關於民族建構的敘述是很有影響的，但也有一些小規模的文本分析試圖瓦解一種統一的民族形構，如鮑貝（Rachel Bowlby）從女性主義視角對斯托夫人的《湯姆叔叔的小屋》作了深刻而睿智的再評價；羅賓（Bruce Robbin）對狄更斯的《荒涼山莊》也做了帶有傾向性的閱讀。這些文章不但把一向被排除在外的非洲殖民地置於十九世紀英美文學的「中心」，而且還支持了本文集的另一位

撰稿人斯尼德（James Snead）的有力論述，斯尼德認為
「第一世界」具有欺騙性的普世主義對當代非洲作家和
非洲裔美國作家實施了文學殖民。布萊南（Timothy
Brennan）在其發人深省的論文中，引用魯西迪的話指
出，英語是從許多「根」上生長起來的；而那些曾經被
它殖民過的人們正在語言之中為自己雕刻出一塊龐大的
領地。所有這些論文都試圖打破建制化了的學科如「英
國文學」和「美國文學」和這些經典建基其上的單一的
「民族主義」。

　　巴巴的重要論文〈播撒民族〉被置於文集的結尾，
是位於「邊緣」的壓軸之作。該文深刻探討了一個不確
定的「民族性」的社會和文本的曖昧模糊。由於戰後大
量的後殖民移民，整個世界已經被一種全球性的文化閾
限性和混雜性所重新組構，不再有同質性的文化空間和
時間了。而巴巴為流散人口能夠衝破「秘密的民族文化
的隱喻」的「播撒性」力量而感到振奮（NN 316）。一
旦西方的民族空間被種族的他者滲透並轉變，文化差異
的威脅就變成一個「內部他者性」的問題。在這一層面
上，民族身分也受到一種補充性寫作運動的挑戰和跨
越，這種寫作顛覆了民族集體性和內聚性的神話（NN
305）。文化作為一個表意過程注定要成為一種不斷的內
部分裂。就像德希達的「異延」概念一樣，文化符號只

能於不斷被移位的過程中找到某種臨時的安泊之處。在主導性文化力量和正在崛起的對抗性文化實踐力量之間，進行著不斷的鬥爭。巴巴十分讚賞邊緣移民主體之民族敘事的演現式重新表意，認為這種重新表意具有一種解放能力，認為這些邊緣主體對互動空間的占有，其內在特徵是「鬥爭的人民、對抗性權威和緊張的文化定位的文化差異和異質性歷史」（NN 299）。民族的訓導性只有靠壓制移民／邊緣主體的對抗性演現才有可能完成。而在巴巴看來，這些主體往往並不那麼馴服，他們透過建構起一種「時間性的辯證」（NN 303），置換並補充了整一的、線性的民族認同的主子敘事，從而重新進入並打斷了民族的「空間－時間」之連續體。

　　訓導式和演現式是巴巴在該文中所提出的在表述民族的時間性時的兩種範疇。某民族的人民也因而被雙重刻寫為訓導性目標和演現性主體，他們的這種二重性導致一種針對歷史主義對社群的自然主義式連續性敘事的對抗敘事。一種民族文化是各種時間性的聚合——現代的、殖民的、後殖民的、本土的——它們解構了「『經典性』民族那理性主義的和進步論的邏輯」（NN 303）。於是，一種以補充性為其策略的少數族話語從錯綜複雜的民族文化的結構中浮現出來。

　　訓導式時間對應於想像社群的同質、空洞的時間，

它與一種整體性的觀念相關；訓導性認同傳統、霸權話
語以及要求穩定的保守性欲求。這種歷史主義的版本作
爲一種文化力量主宰著民族的表述。在訓導式時間中，
民族歷史變成了事件與思想之透明的、線性的等價物。
在訓導式表述論者的民族話語中，人民的文化被挪用爲
整體性，文化的差異性時間則被否認揚棄，成爲某種超
驗的時刻：「人民歷史的在場，就是一種破壞民族文化
的恆常原則的實踐，這些原則試圖返回『眞正』的民族
過去，而民族過去經常被以僵化的現實主義和定型化的
形式表述出來。這種訓導式的知識和連續式的民族敘事
錯失了『人民所居住的神秘的不安定性之區域』」（NN
303），社會於是被整合爲一種「想像的社群」，也就是
說，在這種民族敘事中，社會被本質化並被構想爲一種
定型或一種單一的形象。

　　而演現式時間則與民族表述的「雙倍和分裂」相連
（NN 295），它永遠與訓導式時間爲了爭奪民族的敘述權
威而鬥爭。巴巴用以代替民族想像中的同質而空洞的時
間的，就是演現式時間，即民族表述的雙倍而分裂的時
間。它並非是一種歷史的超驗思想，被揚棄爲一種「在
場和代理權」的形象，而是一種奇特的時間性，受控於
能指的規則，這意味著缺席、增補和差異。由於敘事時
間是有差異的，人民將從一種先驗的歷史性在場、一種

訓導式目標，改變爲「建構於敘事的演現中的人民，其發聲的『在場』在民族符號的重複與顫動中被標明了」（NN 298）。演現性可被闡發爲斷裂性的文化實踐、對抗話語和顛覆性、鬆動性的脈動。換言之，人民不能被含納在一種本質主義的民族話語中。同理，民族本身不是一個想像的社群，而變成了一個帶有人民的文化差異和異質性歷史的社群。

在「將人民表意爲一種先驗的歷史性存在、一種訓導性目標，以及在敘事的演現中、其發聲的『現在』中被建構的人民」（NN 309）之間存在著一種張力，而民族的寫作就出現於這種張力之空間中。在訓導性和演現性之間的鬥爭中，後者被建構爲一種補充物、一種加上去，但「不必是『加起來』（求和），但卻可能攪擾了計算」（NN 312）。這種補充式的演現性是殖民主體向宗主國中心的令人不安的返回，具有動搖作用。演現性是一種對民族的教育訓導的抵抗，是對霸權的一種殘餘性的或正在出現的力量的質問。

廖炳惠曾經指出，巴巴提出民族敘事往往在內在的時間上產生矛盾的分化——訓導性的與演現性的。巴巴將這種分化一方面放在語言本身的無法對譯（總是會太多或太少），另一方面則放在現代政治生活的代表性上（邊緣團體的時間及數目會威脅到中心所要達成的統

一）。廖炳惠因而問道：「這種分化的過程基本上是來
自內部的差異，……還是在歷史上發展出的彼此之間的
差異？」巴巴在回答這個問題時強調，這兩種敘事位置
的分化及兩面性不是辯證的，而是增加及含混的矛盾，
無法成為統一或更大的整體，因此是比一個還多又比一
個少的一種分化。比一個還多是因為會分裂，比一個少
是因為永遠不會成為統一的一個整體。也正是因為這種
時間性，有關民族統一欲求的敘事總留下一些內在變化
的空間，可以被重新定位、安排[6]。

三、民族與民族主義

　　巴巴在發表於1994年、題為〈焦慮的民族‧不安的
國家〉的文章中，對世紀末人類生存狀況的焦慮與擔憂
作了極為形象的描述和精到的分析。世紀末的歷史似乎
又在重複自身：種族、民族、宗教等十九世紀末、二十
世紀初出現的問題又開始糾纏我們。帝國時代的這些
「奠基性」觀念，在二十世紀末又找到了新的命運和另
一種指稱。冷戰雖然已經結束，但民族主義的幽靈仍舊

盤旋在國家的上空，種族間的血腥衝突也在持續，「民族主義抱負將文明的價值轉變爲種種形式的種族隔離；社群感被公社制的危機所取代」[7]。

　　隨著國際性的增強，民族經驗變得破碎不全，民族認同也出現裂紋，我們必須在過去的回聲中理解我們的當代現實。因此我們要在一種偶然的但又是歷史性的關係中，透過重新安置和調整他者，建立起一種民族秩序的信仰，對文化差異從「周邊」進行表述。因此，民族過去的發明就是一種「轉離」，是從現代社會的差異性的、斷裂的文化現在，和在場的一種轉離。但在其回望之中，民族身分的現在變得矛盾而充滿焦慮。巴巴於是提出文化的「少數族化」概念作爲走出當前焦慮的困境的一種策略[8]。

　　巴巴指出，在後殖民地區，當前的「全球性」時刻似乎更關心「跨國」的或國際性組織的建構，但關鍵是民族人民的自我表述的轉換。巴巴試圖指出，在今天全球性的規模上，存在著不斷增長的關於民族歸屬的「想像的社群」的意識，作爲一個少數族化的過程和實踐。透過少數族化巴巴想提醒人們注意一系列境況：「首先是我們時代不斷增多的移民、散居者、難民人口；其次是新興國家啓動一種民族性人民身分（雖然總是擺脫不掉一種是少數族裔的感覺）的方式；第三是正在出現的

群體和集體，體驗它們的文化公民身分和要求基於異他
性或差異（種族、族群、性別、性、歷史創傷）得到認
可的方式」。少數族化認同將超越多數對少數的兩極化
的思考，後者認爲少數族的政治欲求就是獲得霸權性
的、多數族的位置。少數族化也有別於一種多元主義，
後者熱衷於同化和一致，而忽視了權力差異、利益衝突
和文化異聲等問題。巴巴重申對西方的「進步」和「理
性」闡釋學的懷疑。這種懷疑既針對帝國主義也指向民
族主義話語。儘管二者在意識形態上針鋒相對，但其實
常常「裁剪自同一塊哲學布料」；它們雖然反對彼此的
政治觀點，但二者的「思想卻經常致力於形式類似的歷
史主義和個人主義」[9]。其實，後殖民論者關於「民族
主義」的討論由來已久，從早期法農對殖民地對抗的動
人描述，到薩伊德關於巴勒斯坦自決運動的「世俗性」
批評，它們都關心「民族主義」這一術語在描述跨越世
界的全球性勞動分工過程中那些交叉流動的文化形式時
的局限性。巴巴因此試圖揭示穿越種族差異、階級差
異、性別差異和文化傳統差異的文化認同的「閾限」協
商。

　　巴巴固然推崇混雜化和世界主義，但他也明確地指
出不可能一下子消除民族概念，因爲目前在世界上很多
地方（如在南非），人們正在拚命爭取這種社會形式。

「我們不可能完全除掉作為一種觀念或政治結構的民族，但我們能夠承認其對我們時代的歷史的局限性。我們能夠、我們也應該同時譴責以一種完全不恰當的方式強加於人民頭上的國家的地位和民族主義」。巴巴曾經指出，在一個貌似跨國（或跨民族）的世界上，我們必須不斷地「重新思考『民族』可能意味著什麼。民族的存在是一種持續不斷的刺激物。今天，當『民族』一詞被提起時，我們更多的是意識到它不做什麼、它是如何不起作用的，而非它它是如何起作用的」[10]。法農也早就意識到民族主義可能帶來的問題，因而指出：「唯一能給予我們一種國際性視域的，是民族意識，而非民族主義」[11]。巴巴認為，法農的理論使我們思考通向一種不含種族性民族主義的民族國際主義的可能性[12]。

註釋

1 Eric Hobsbawn, *Nations and Nationalism Since 1780: Programme, Myth, Reality* (New York: Cambridge University Press, 1990), pp.15-20.

2 Bill Ashcroft, et al. eds., *Post-Colonial Studies: The Key Concepts* (London and New York: Routledge, 2000), pp. 198-199, 201.

3 Bill Ashcroft, et al. eds., *Post-Colonial Studies*, pp. 80-81; Andrew Edgar, et al. eds., *Cultural Theory: The Key Concepts* (London and New York: Routledge, 2002), p. 132.

4 Andrew Edgar, et al. eds., *Cultural Theory*, pp. 253-254.

5 Ian Baucom, "Narrating the Nation," *Transition*, 0: 55 (1992), p. 144.

6 廖炳惠，《回顧現代：後現代與後殖民論文集》（台北：麥田，1994），頁28-29。

7 Homi Bhabha, "Anxious Nations, Nervous States," in Joan Copjec, ed., *Supposing the Subject* (London: Verso, 1994), p. 202.

8 Homi Bhabha, "Anxious Nations, Nervous States," pp. 203-205, 215.

9 Homi Bhabha, "Speaking of Postcoloniality, in the Continuous Present: A Conversation," in David Theo Goldberg and Ato Quayson, eds., *Relocating Postcolonialism* (Oxford: Blackwell

Publishers, 2002), pp. 15-46.

10 Homi Bhabha (Interviewed by Brian Wallis), from "Art & National Identity: A Critics' Symposium," *Art in America* (Sept. 1991), p. 82.

11 Frantz Fanon, "On National Culture," in his *The Wretched of the Earth*, trans., Constance Farrington (New York: Grove Press, 1968), p. 247.

12 Homi Bhabha, "Day by Day...with Frantz Fanon," in Alan Read, ed., *The Fact of Blackness: Frantz Fanon and Visual Representation* (London: Bay Press, 1994), p. 190.

第六章
文化的定位

　　《文化的定位》收錄了霍米・巴巴從一九八○年代中期到1993年近十年內發表的重要論文，文集的出版引起了學界的高度重視。後殖民理論大家薩伊德讚譽巴巴「不愧是一個才力超群的理論家」；著名小說家摩里森則指出巴巴「占據著文學和文化理論思考的前沿位置」。然而對於很多從未接觸過巴巴著述的人來說，粗略地瀏覽本書只會使人頭腦發蒙，而根本體味不到薩伊德和摩里森對巴巴的溢美之詞。阿皮亞說，「這是一本嚴肅的書，晦澀難讀」[1]。巴巴的理論文本艱澀深奧，令人生畏，因此雖然巴巴政治上屬於左派，但他的有些同盟者還是抱怨其作品沒有履行政治上的需求，簡直是「不可穿透」。這也是意料之中的。豪（Stephen Howe）在對巴巴和史碧娃克「無緣無故、莫名其妙地晦澀拗口、複雜難解」的寫作風格表示不滿的同時，也由衷地欣賞巴巴思想深處有「一種嚴肅性、一種關心、一種真正的學術重量」，認為「論文結集出版，使整體超過了個體相加之和」[2]。阿皮亞和豪都不約而同地指出巴巴的學術嚴肅性，這是因為他們確信，巴巴的理論闡釋並不只是玩弄文字遊戲，艱深的文字背後是深刻的思想和對後現代社會文化狀況的關注與憂慮。

　　《文化的定位》涵蓋了一系列重要的文學主題和歷史主題，時間跨度從十九世紀直到當前。與其他兩位著

名的後殖民批評家薩伊德和史碧娃克一樣，巴巴也對一大群法國理論家旁徵博引，從法農到拉岡到傅柯和德希達；巴巴在本書中的討論範圍極為廣泛，除了一些經典作家如康拉德、摩里森、葛蒂瑪、魯西迪、渥克特、芮琦、柯慈等外，也包括了一些鮮為人知的作品等。他的後殖民理論探討了殖民主義和後殖民主義的概念性和政治性後果及影響，重思舊有殖民地的種種經驗。在某種程度上說，這些文章反映了二十世紀八〇、九〇年代關於後殖民主義和後現代主義的激烈論爭。按照巴巴的觀點，重拾被壓抑的歷史固然是必要的，但是為了將根紮進過去的某種浪漫版本而拒棄異質性的現在，則是拜物教式的。此外，認可社會和小說中的縫隙並不就建構一種絕望的方案；相反，這肯定並實施了將要引導我們每個人尋找容身之所的過程。文集出版後很快成為文化批評領域的奠基性或始源性作品；被看作是近期對全球範圍內文化身分和文化表述的延伸。

對巴巴而言，早期的「發展研究」主要強調在經濟、政治和社會學意義上的文化依附性，而後殖民研究所集中探討的，則是語言及文化在殖民地社會中作為重要的社會及歷史統治力量所扮演的角色。正是這一原因使得他的作品連同本領域內其他同樣具有開拓性的作品，如薩伊德的作品等，獲得了世人如此的關注與顯著

地位。

　　巴巴對殖民主義以及它所帶來的現代性及其對殖民地人民造成的不幸有著深刻的認識。巴巴認爲，爲了理解「現代」時期或曰現代性，學者們必須看清他所謂的「現代時刻的複雜性」——這常常是一個矛盾的情形，以文明的名義建立於殖民地社會。在巴巴看來，很多公民權問題都與成爲殖民主體的涵義相關。成爲一個殖民主體，也就意味著被某個外來權威剝奪了某些權利，而外來權威對權力的霸占，則是基於它聲稱自己擁有更高的或更普遍的權利。後殖民批評家的任務之一就是要透過文化翻譯，揭示殖民地被壓抑被遮蔽的歷史。巴巴聲言，任何受壓迫群體都有權要求自己的歷史得到承認，無論它是被隱藏了或是被否認了。而後殖民理論家的作品則試圖翻譯屬於某個文化的涵義、即擁有一個身分這樣的觀念，並試圖指出：機械地附著於一種僵化的帝國主義／民族主義思想是多麼具有局限性。巴巴在所謂殖民接觸中爲殖民地人民找到了一種主動性，發掘出了殖民地文化倖存的希望。在巴巴看來，後殖民研究包含著一種雙向交流，它並不僅僅是一種外來文化強加於殖民地文化之上，而同時也是殖民地（儘管它們被去勢奪權並處於劣勢）對外來文化做出的回應，並在很多情形下將外來的強制轉換成社會暴動和文化革新。而文學，則

是這些微小但卻意義深遠的文化倖存行爲的最敏感的記錄。《文化的定位》的目標之一就是試圖展示在文化前沿展開的日常鬥爭的重要性和複雜性，這一點經常爲人所忽視。另一個目標就是檢視文化翻譯的問題。

　　巴巴運用解構理論來拆解「理論」與「政治實踐」之間所謂的虛假對立。他推崇一種閾限性模式，它或許能夠凸顯理論與實踐之間的罅隙空間——一個閾限性地帶，它並非要分開而是要中和它們相互的交換和相對的意義。巴巴指出，歐洲理論框架不一定是忽視被剝奪的第三世界的政治形式的智性想像。批評家無法在「政治」和「理論」二者間選擇，因爲它們是可以相互易位的。「理論」是意識形態的一種工具，描述進而創造第三世界遭受壓迫的「政治」狀況。換言之，儘管巴巴看重民族成分間的「閾限」空間，他同樣對將「政治」和「理論」並置以揭示它們在何處重疊、它們間的張力如何反過來產生混雜性也很感興趣。巴巴說：「闡述的契約從來就不僅僅是陳述中所規定的你我之間的交際行爲。意義的生產要求這兩處地點透過一個第三空間被動員起來；在一種演現性和建制性策略中，第三空間既代表了語言的普泛狀況，又代表發聲的具體涵義」（LC 36）。根據巴巴的說法，「第三空間」——另一種描述閾限的方法——是一個被書寫出來的模糊混雜的空間。換言

之，協調理論與政治的是書寫，而不僅僅是理論話語，而且還包括各種文化實踐如小說、電影、音樂、繪畫等。德希達在《書寫與差異》中指出，書寫並非被動地記錄社會「現實」，而是先於社會現實，並透過認可文本體系內符號之間的差異而賦予它們以意義。巴巴挪用了德希達的差異概念，提出了文化差異以及以書寫為形式的表述和協商。巴巴認為書寫是描述文化間差異的富有成效的方法：「『要採取什麼措施？』必須承認書寫的力量、它的隱喻性及其修辭話語是一種出產豐富的源頭，它界定了『社會性』並使之成為一個觸手可及的行動目標」（LC 23）。

巴巴的理論一方面強調了文化的差異性，強調了弱勢文化在強勢文化的權力之下，保持自身合法性的正當要求，同時又關注「普遍的文化相對論」有可能使得差異性的文化變得不再重要這個問題。因為在這樣一種普遍性的文化相對論中，那種對第一世界文化廣泛性和普遍性的強調、教育的性別差異、種族歧視、少數族人權的失落等問題，會導致新的社會契約的形成，從而使現實社會空間中的種族、國家、性別、社群、法律、歧視等問題成為後殖民主義論者一再協調並重新評價的問題。

巴巴理論與所有「後」字開頭的、用來描述當今社

會和文化理論的其他話語一樣，帶有「修訂和重新建構的精神」，他的寫作意在透過攪擾已經建立的話語或表述疆界，「改革」現存的計畫。巴巴在書中也鼓吹採納新的主體位置，從某個角度講，這些文章的主題是一種（反）殖民主體性的建構。新的位置意味著離開「作為首要概念性範疇的『階級』或『性屬』的單一性」，並聚焦於「那些產生於文化差異的發聲之中的時刻或過程」（LC 1）。同理，民族文化的新地點應該被重新考慮。正如新的主體位置意味著對「單一性」的放棄，新的民族定位也打破了其想像的疆界。新定位的採納既是對種族中心論的民族主義的一種干預，也是對國際性現代主義的一種干預。原初始源的神秘結構——進步、同質性、文化有機體、歷史主義——在這新的疆界上被脫位了。從這一疆界處，這一間隙空間，開始了文化和「人民」的混雜化的漫長過程。

〈獻身理論〉是《文化的定位》的開篇之作。在該文中，巴巴一開始即強調將理論與政治對立起來是不恰當的，也是不能成立的。巴巴指出：「有一種有害的、站不住腳的理論，即理論必然是社會方面或文化方面特權階層的精英的語言。據說學界批評家的位置不可避免地必定是在帝國主義的或新殖民主義西方的歐洲中心論的檔案內部」（LC 19）。針對產生於西方的批判理論所

具有的二重性，巴巴指出：「批判理論冠之以『西方的』究竟有什麼問題呢？顯然，這是一種制度性權力和意識形態歐洲中心性的名稱。批判理論往往在那些熟悉的殖民地人類學傳統和環境之內部介入文本，其目的或者是爲了使之在自己的文化和學術話語內普遍化，或者爲了激化它內部對西方邏各斯中心符號，即理想主義的主體的批判，或者說確實是那些民間社會的幻覺和謬見」（LC 31）。借助於錯綜複雜的、主要源自歐洲理論界的全套「解數」：後現代主義、後結構主義、精神分析理論、解構主義、新歷史主義、巴赫金的對話理論以及法農對殖民主體的心理分析等，巴巴主張一種對民族主義、西方民主自由傳統、表述、官方訓導的重新思索，強調「模糊性」、「矛盾性」和「混雜性」，以之爲殖民衝突地帶的典型特徵。在本章中，巴巴以後現代的差異概念爲基礎來闡發混雜的殖民主體、分裂的民族和文化表意的翻譯性／跨國性過程。巴巴對後殖民對抗性話語的主要貢獻並不僅僅是開闢了作爲異延的殖民符號或主體，而是從符號的不確定性中提取了其解放性的反霸權潛能，這種不確定性「能夠在後殖民鬥爭中被用來反對主導性權力和知識之間的統治關係」（LC 33）。殖民者和被殖民者之間的交通總是雙重的，而被殖民人民的抵抗可以被定位在不確定符號的雙重空間內，這使得對符

號進行差異的、顛覆性的闡釋和挪用成爲可能。

在文集第二章〈質問認同〉（"Interrogating Identity"）中，巴巴運用後結構主義理論重寫了殖民主體之矛盾身分。在西方二元對立的表述模式中，殖民他者總是殖民者的「製造品」或者一種想像像身分的投射，它只是揭示了一種不在場的缺席和一塊分裂的空間。後結構主義「能指優先」的觀念強調語言那種神秘怪異的、令人不安的他者性，揭示了一種無法超越、不可揚棄的雙重化空間。這種底層的、顛覆性的語言之他者性爲巴巴提供了一種完美的殖民主體的形象，它就像異質性能指一樣遭受了許多侵害和詆毀，但在其分裂的本性中，「非人格化的、脫位的殖民主體成了莫測的物體，非常難以歸置」（LC 62）。在巴巴看來，底層話語的解放性、對抗性政治仰賴其矛盾的、對抗性的非西方立場，它跨越了「一種空間上的表意限度，在話語的層面上允許一種對目標、用法、意義、空間和性質的反分割」（LC 60）。

在第三章〈他者問題〉（"The Other Question"）中，巴巴從法農的殖民地話語中借用了大量素材並對法農重新做出了闡釋。巴巴將殖民地雙方都認定爲殖民地主體（被殖民主體和殖民主體），殖民雙方都捲入了殖民地遭遇的原始創傷性場景：兩個「原始場景」，兩種「神話」，它們在殖民地文化的種族主義實踐和話語中

「將主體作了標記」。有一次有個白人女孩看見了法農，受到驚嚇，慌忙轉身去認同她的母親：「這一幕反覆回響在法農的論文〈黑色的事實〉中：『看，一個黑鬼……媽媽，看那個黑鬼！我害怕』。法農最後說：『但除此之外我還能是什麼，除了是將我全身噴上黑血的一次截肢、一次切除、一次大出血』」（LC 76）。巴巴看出，這次殖民遭遇的創傷性經驗是一個決定性時刻，無論是被嚇壞的主體還是嚇人的主體都經歷了一次身分變形。嚇壞了的女孩從恐怖的黑人類型轉向其母親作為認同。而黑人男孩所受的驚嚇也一樣巨大，他卻從自己、從黑色轉開去，認同了白色。雙方主體都「繞著『定型』的主軸旋轉」（LC 76）。他們沒有按對方的真實面貌看待對方，而是都轉向了既有的定型，拒絕對定型化的他者和真正的他者做出任何區分。被殖民主體在這一自戀式認同中，被變成殖民者主體的所拜之物，用以將這種具有威脅的差異正常化。

實際上，自戀性認同的過程是一個惡性循環。原始場景是由在殖民話語中學到的定型促成的。孩子們先是學到對殖民地他者的簡化了的定型化表述，在將被殖民者物化以後，這種「崇拜物」又反過來強化了原來的定型。「被殖民人民於是既被看成是這一體制的原因，又是其結果，總是被囚於闡釋的循環之中」（LC 83）。在

閱讀定型中使用拜物教的目的是揭示歷史始源的神話。在原始場景中，崇拜物和定型都滿足主體要有一個純潔始源的欲望，這一始源性不斷地受到種族的、文化的差異的威脅。在殖民地話語中，「黑人既野蠻（食人族），又是最溫馴而高貴的僕從（端盛食物者）；他是狂野性欲的化身而又是最世故老練的撒謊者，是社會力量的操縱者」（LC 82）。這一連串定型不但是殖民者和被殖民者之間的一種文化、歷史和種族的分隔，也是一種二元對立。在固定化了的文明進步次序中，殖民者總是走在前面，被殖民者則被遠遠地落在後頭。於是，對被殖民者的征服和統治就成爲合法合理的了。於是，殖民民者和被殖民者都處於誤認的狀態之中。

　　在〈模擬與人〉（"Of Mimicry and Man"）一文中，巴巴闡述了一個極爲重要的概念——模擬。在模擬之中，被殖民者終於衝破了誤認的惡性循環。模擬者「部分地」是溫馴的殖民目標，是「在殖民者命令的鎖鍊、合法化的他者版本的合適的目標」；然而，在某些情形之下，他們也是不合適的或曰不可挪用的殖民主體。他們所發出的文化差異亦即他們對自身種族的文化的差異的認識，威脅著「殖民權威的自戀式要求」（LC 88）。對巴巴而言，被殖民者的差異發聲就是干預，是一種打斷。對模擬概念我們將在後文做詳盡的論述。

　　在〈被視為奇蹟的符號〉一文中，巴巴檢視了後殖民文學中刻畫「對於那本英語書的突然間以意外的發現」的數個片斷（LC 102）。巴巴巧妙地將康拉德的《黑暗的心》——其中的一幕是敘述者馬婁發現並閱讀了唐森對於航海術的探索——和奈波爾的《依瓦・皮榮的歸來》（*The Return of Eva Peron*）中年輕的千里達人發現並閱讀康拉德小說所指的同一片斷的場景並置在一起。巴巴指出，這兩幕場景都將那本「英語書」即聖經刻畫為殖民統治、欲望和規訓的象徵。換言之，那本英語書就是「被視為奇蹟的符號」，它「描寫了西方符號中那些在意識形態上的相互關聯之物——經驗主義、理想主義、模仿論、一元文化主義（薩伊德語），這些觀念支持著一種英國文化統治的傳統」（LC 105）。英語書似乎是在指向殖民權力的固定化，及其「敘述」的話語能力以及播撒歐洲文化傳統的能力，是一個頌揚歐洲霸權的認識論的中心位置以及永久性的物化了的符號。但具有悖論意味的是，英語書又是「殖民地曖昧模糊」的一個象徵，顯示出殖民話語的弱點及其面對「模仿性」顛覆時的脆弱。巴巴指出，那本英語書不但未能刻畫出歐洲統治的固定性和不可化約性，相反卻暴露出權威的根基，甚至賦予了被殖民主體以反對帝國主義壓迫的抵抗形式。巴巴的分析受到拉岡和德希達的類似觀念「差異的重複」

的啓發，其理論本身也是對歐洲後結構主義的模仿性重讀。巴巴的主要論點是，被殖民主體對英語書的重複不可避免地要對其進行改造或顛覆，並最終轉變成政治暴動：「關於權威的傳統話語之源頭的模糊性使得一種顛覆形式成爲可能，它建基於不可決定性，將主宰性話語狀況轉變爲進行干預的基地」（LC 112）。

在第九章〈後殖民與後現代〉（"The Postcolonial and the Postmodern: The Question of Agency"）中，巴巴探討了能動性或主體性在文化話語的閾限性空間中出現的條件。在爲時空所交叉的符號領域內，表意是一個發生於差異的疆界處的事件。這種德希達式的符號概念，爲巴巴分析文化差異的主體提供了一種敘述框架。巴巴這裡的考察對象是文化閾限性或疆界，他試圖在單純的偶然性和歷史必然性之間、在無盡的意義延宕和符號的透明性之間建立起其話語立場。他將能動性定位於「時差」中，定位於「規定性句法的句子和不連貫的話語主體之間」以及「戲劇性地表現在能指的自由性中的辭彙和語法」之間的鬥爭性、斷裂性空間中（LC 181）。這種跨越見證了堅持語法、句法和邏輯的語言學的崩塌；主體從啓蒙的話語秩序中滑落，進入一種不確定的空間，在那裡，該主體屈服於一種辭彙、意象、聲音、記憶在句子疆界之外的混亂的整體的流動，這是被釋放的

積澱著意義的形式和被壓制的潛意識之流動。現代性霸
權話語傾向於使所有主體屈從於其歷史主義的敘事句
法、形塑他們的意識、並因而建構他們的感情和感覺。
然而，文化混雜性的主體，具有後殖民、流散和移民的
特徵，威脅著要顛覆現代性的等級性句法。對流散者和
移民主體而言，居住於現代性的殖民空間中，即是受制
於其交流規則、其文化表意的模式，但卻絕不會完全被
該空間所含納；相反，它總是立足於現代性的疆界，同
時居於文化語句的裡邊和外邊。

　　巴巴尋求巴特式語句之外的空間定位的目的，就是
要探討能動性這一問題。「能動性（就是）偶然性的活
動」（LC 187），但偶然性並非意義的完結或無窮延宕的
不可能性；而是「不確定物和不決定物的暫時性」（LC
186），是符號之間的時差。不確定物在過去與現在、發
聲與聽眾、主體與主體間際（intersubjective）的鄰近接
觸中臨時地變為確定的。巴巴符號的能動性，在作者之
外得以實現，是現在與過去、說話者和話語的他者之間
的鄰近接觸之結果。在將能動性設想為偶然性的活動
時，巴巴將後現代的不確定性轉化為重新刻寫和協商的
空間，因為不確定性使得顛覆和修訂成為可能，並開闢
了「文化意義的其他時間的可能性」（LC 178）。巴巴透
過運用後結構主義的概念語言闡述了文化差異的分裂的

或閾限性主體概念，然後又爲後現代文化政治建構起能
動性理論。在他看來，後現代和後殖民是逐漸變爲融合
交疊的，這不僅因爲後殖民必須是後現代的，也是因爲
後現代主體位置和後殖民主體位置二者都具有不確定性
的特徵。

　　在第十一章〈新意是如何進入世界的〉（"How
Newness Enters the World"）中，巴巴指出，在文化領域
內，舊的民族疆界已經坍塌，中心業已消失。文化已經
變爲一個翻譯式的、跨民族的意義生產過程。正是在這
種翻譯的、跨國的罅隙中，新的意義時間、新的時間性
出現了。他堅持，居住於文化和歷史的罅隙中，文化差
異的主體採取了班雅明所謂的翻譯過程中抵抗因素的地
位（LC 224）。在翻譯中，有很多意義的間隙點，它們
的決定也是一種侵犯。與此非常類似，矛盾的移民文
化、間隙性少數族立場「將文化的不可翻譯性活動戲劇
化了」（LC 224），並因此揭示出居間之不確定的暫時
性。

　　謝少波指出，巴巴對文化雙重性的微觀結構分析，
爲後殖民研究開闢了新的視界。透過把德希達的異延概
念重新運用於後殖民領域，他爲分析迄今被忽略的灰色
的矛盾的文化空間、爲依照居間狀態重新命名殖民主體
和殖民話語，更重要的是，爲將殖民話語的不確定性啓

動為反霸權的抵抗能動性，提供了一種敘述模式。換言之，巴巴的不確定性變成了底層主體性的能動條件，這種主體性本質上是否定性的、斷裂性的。殖民話語的矛盾性使得底層民眾於現代性的等級句法之外來闡釋殖民符號成為可能[3]。

巴巴的文化位置觀主要體現在《文化的定位》一書中，對這部思想十分龐雜、難於梳理的書，三言兩語是不容易說清楚的。讀者只能在具體的語境中理解和闡釋巴巴艱深的觀點。為了認清當今全球化多元世界中的文化位置，巴巴曾經多次宣導我們要（不得不）選擇邊緣，要敢於居住在一種罅隙性空間，要居於正統的、傳統的文化之外：「處於文化『之外』，就是居住於一種干預的空間。但居於『之外』也是一種修訂式時間、一種回到現在以重新描寫我們文化的當代狀況；重新刻寫我們人類的歷史的共通性；觸摸將來的這一邊。……在這種意義上，『之外』的干預空間變成了此時此地的干預空間」[4]。

文化的場域在哪裡？在一個多元文化的社會和時代裡，我們要將文化定位在何處呢？巴巴的答案是：今日文化的定位不在來自傳統的純正核心，而在不同文明接觸的邊緣地帶和疆界處。在那裡，一種富有新意的、「居間的」、或混雜的身分正在被熔鑄成形。在我們日益

跨國的、全球化的、後現代的時代中，邊界越來越定義
著核心，邊緣也日益建構著中心。巴巴在這裡旨在張揚
一種少數族的、移民的視角：「最眞的眼睛現在也許屬
於移民的雙重視界」；認同一種「之外」的干預空間；
質疑西方傳統宏偉的現代敘事，而鼓吹一種「逆反式現
代性」或曰「現代性的別樣選擇」；提倡一種「新國際
主義」或「本土世界主義」[5]。

註釋

1 Kwame Anthony Appiah, "The Hybrid Age?" *TLS* (May 27, 1994), p. 5.

2 Stephen Howe, "Colony Club," *New Statesman & Society* (Feb. 25, 1994), p. 40.

3 Shaobo Xie, "Writing on Boundaries: Homi Bhabha's Recent Essays," *ARIEL (A Review of International English Literature)*, 27: 4 (October 1996), pp. 155-166.

4 Homi Bhabha, "Life at the Border: Hybrid Identities of the Present," *New Perspective Quarterly*, 14: 1 (Winter 1997), p. 31. Refer also to "Introduction: Locations of Culture," LC 1.

5 Homi Bhabha, "Life at the Border," pp. 30-31. Refer also to "Introduction: Locations of Culture," LC 1.

第七章
矛盾狀態、模擬與混雜性

一、矛盾狀態

根據詞典的一般解釋，英文單字「ambivalence」通常意指對同一人、物、事的矛盾心理（如既愛又恨）、矛盾情緒或矛盾狀態。在學界，有人將其譯為「模稜」，有人譯為「模糊性」，還有人譯為「含混」、「曖昧」等等，我們在文中一般用「矛盾狀態」來指代後殖民理論中「ambivalence」一詞的涵義，在某些時候也會根據不同語境，用矛盾心理、矛盾性、曖昧、模糊性來指代它。作為精神分析中的一個術語，矛盾狀態用以描述在想要某物和想要其對立面之間的一種持續搖擺的狀態或態度，也指某個物體、人或行為同時產生的一種吸引和排拒。它後來被巴巴改用到殖民話語理論中，用以描述代表著殖民者和被殖民者關係中既吸引又排拒的混合狀態。

巴巴不滿於薩伊德解釋闡述東方主義話語的建構方式：「在薩伊德的著作中，一直有這樣一種暗示：殖民權力完全為殖民者所占有。這是一種歷史的和理論的簡

化」[1]。薩伊德的表述意味著，要麼擁有全部權力，要麼手無寸權。這種二元對立沒有給協商或抵制留下任何餘地。在巴巴看來，西方話語對東方的表述，表露出一種深刻的矛盾狀態，這種矛盾狀態指向「那種『他者性』，既是欲望的目標也是嘲笑的目標」（LC 67）。這種矛盾狀態暗示，殖民話語建立於焦慮之上，殖民權力本身受制於一種衝突過程的後果影響。對巴巴來說，殖民狀況的矛盾狀態「使得殖民關係中各種『位置』之間的界限——也就是我／他的分裂，以及殖民權力問題——亦即分化出殖民者／被殖民者的過程，都跟黑格爾的主／奴辯證法，以及現象學所講的異他性的投射，有著很大的分別」（LC 107-108）。殖民者和被殖民者之間的既吸引又排拒的關係自然是矛盾的，因為如上文所示，被殖民主體從來就不是簡單地、完全地與殖民者是對立的。它不是將某些被殖民者設定為共謀的而有些被殖民者則是抵抗的；相反，共謀和抵抗共存於殖民主體內一種搖擺不定的關係中。

　　巴巴既質疑殖民者只有單一的政治意圖之說法，也質疑薩伊德所假定的權力與知識之間簡化的工具主義式關係[2]。薩伊德強調，對東方的表述是為了西方主導文化的消費，而巴巴則集中探討了被用作殖民權力和管理之工具的東方主義的角色。在巴巴看來，對殖民主體的

表述，與其說是被實際的殖民主體所證實或證偽，倒不如說是被脫聲（disarticulated）了：「透過同時占據兩個位置……被非人化的、移位的殖民主體可以變成一個不可測度的目標，在非常實際的意義上，很難定位。權威的要求不能統合其資訊，也不能簡單地認同其主體」[3]。巴巴指出，殖民者對他者之表述的建構絕不是直截了當的，或者天衣無縫的。無論壓迫者和被壓迫者在政治上和倫理上的權力是多麼的不平衡和不平等，在權威結構中，總是有某種策略上的模糊性與矛盾狀態，而受壓迫者透過指向這些、透過能夠運用這些模糊性和矛盾狀態實際上是增勢了，而不是透過將權力表述為一種同質性的、霸權性的整塊[4]。

　　在巴巴理論中，矛盾狀態打斷了殖民統治那涇渭分明的權威，攪亂了殖民者和被殖民者之間的簡單關係。殖民者到了殖民地，看到被殖民者儼然成為自己影子的投射之後，在道德的層面上形成了罪惡感與優越感交雜的模糊狀態。在這樣的情況下，殖民者在自己本身的自我認同定位上，會產生信心危機與一種疆界的不穩定性，同時又因為對當地文化欠缺更深的了解，經常被謠傳、無法理解的噪音和無法逆料的社會政治局面所困惑、所動搖，因而產生身分認同的混淆。因此對殖民者來說，矛盾狀態是殖民話語中不受歡迎的特徵。殖民地

話語的目的是要製造重新產出其種種的假定、習俗和價值的恭順的主體（臣民）——也就是「模仿」（mimic）殖民者。結果卻產出了一種矛盾的主體，後者的模擬總是與戲弄（mockery）或拙劣的模仿相差無幾。殖民者與被殖民者在優越與自卑、固定與交織、純正與糾葛、模仿與戲弄的矛盾狀態中，經常形成一種相互依賴的關係；在意欲征服他者之權威性、國家統治權和國家所遭受的強力干預之間搖擺，而無法產生定位明確的自我認同。這種矛盾狀態描述了真誠的模仿和惡意的戲弄之間搖擺不定的關係，從根本上使殖民統治攪擾不安。矛盾狀態的結果（同時吸引和排拒），是對殖民地話語的權威性產生了一種深刻的攪擾。

矛盾狀態引出了巴巴理論中的一個議題：因為殖民關係總是矛盾的，這樣它就為自己的毀滅埋下了種子。該議題是備受爭議的，因為它暗示不管被殖民者抵抗或反叛與否，殖民關係都將會被打亂。巴巴認為，殖民地話語不得不是曖昧的，因為它從來就沒有真正想要被殖民主體成為與殖民者一模一樣的複製品——那將太具威脅性了。楊指出，巴巴的矛盾狀態理論是針對帝國主義話語轉敗為勝的方法。周邊，也就是被中心視為「邊界、邊緣、無法分類的、疑心重重的」那個地帶，透過將中心建構為一種「模稜兩可的、不確定的、不定準的

矛盾狀態」[5]來作爲回應。但這並不是對二元對立模式的簡單逆轉，因爲巴巴顯示，殖民者主體和被殖民主體都隱含在殖民話語的矛盾狀態之中。

巴巴的矛盾狀態、模擬、「之外」、第三空間諸概念其實是一脈相承的。在巴巴看來，殖民話語「以種族根源將被殖民者塑造爲墮落的族群」，並藉此在殖民地建立起行政管理及教育制度，被殖民者在殖民話語中往往被定型爲一種雙重形象：既是他者又是可以被理解和觀察的對象（LC 70-71）。這種「定型」中包含了一種殖民者和被殖民者之間的「矛盾狀態」（LC 66）。對歐洲學識的模擬不但要混雜化因而具有矛盾狀態，而且帝國主義話語似乎是被迫要這樣做才可以發揮效用[6]。

二、模擬

作爲後殖民批評關鍵術語之一的英文單字mimicry在漢語學界有很多譯法，如模仿、戲仿、戲擬、戲謔、學舌、翻易、擬仿等，在本文中一般通稱「模擬」。此術語在後殖民理論中變得日益重要，因爲它被用來描述

殖民者與被殖民者之間那矛盾模糊的關係。當殖民話語鼓勵被殖民主體透過採納殖民者的文化習俗、假設、建制和價值等去「模仿」殖民者時，結果從來就不是對那些特性的簡單的再生產，卻往往是一份對殖民者的「模糊的拷貝」，而這是很具威脅性的。這是因為模擬與嘲諷從來就相差無幾，它似乎對所有它所模仿的東西都是一種嘲弄。模擬因此在殖民控制的確定性中定位了一處裂縫，一種在其控制被殖民者的行為中的不確定性。巴巴起初極為推崇殖民者和被殖民者之間的矛盾狀態，後來修正了傾向心理分析的「拜物」模式，轉到模擬、混雜及妄想狂等理論概念之上。模擬可說是為巴巴提供了一種面對矛盾態度的方法。模擬那種「幾乎相同但又不太一樣」的特性與矛盾態度是一脈相承的，但巴巴最終將其轉化為一種抵抗策略。

其實，在殖民者一方，模擬首先常常是帝國主義政策的一項公開的目標。模擬是宗主國殖民者所施行的一種殖民控制形式，殖民者要求被殖民者採納占有權力即殖民者的外在形式並內化其價值。在這種意義上，模擬體現了透過讓被殖民文化拷貝或「重複」殖民者的文化來實現教化使命。恰恰是由於模擬的運作是發生在情感和意識形態領域內，故而它與嚴苛暴政不同，模擬構成了巴巴所謂的「殖民權力和知識最難以把握也是最有效

的策略之一」（LC 85）。

　　但這只是殖民者一廂情願的夢想，因爲這裡存在著一個盲點：譬如在殖民地印度，模擬策略是要產生眞正的英國人還是「英國式的」模仿人[7]？這一區別是至關重要的。殖民話語一方面鼓勵引導被殖民主體改進並逐漸接近殖民者之文明優雅；而另一方面則用本體論的差異和劣等性概念對這種改進與接近進行抵制。模擬實質上就是一種令人攪擾不安的「諷刺性妥協……改良了的、可以識別的他者的欲望，這種他者是差異的主體，他幾乎相同卻又不完全是」（LC 86）。既然殖民者的模擬策略總是要求屬民與殖民者保持足夠的差異，以便繼續有臣民可以統治壓迫，那麼它永遠也不會完全成功。此外，殖民者所堅持的「文化差異」必然會挑戰西方文化假設的普世性價值，而帝國作爲一個同化計畫就建基於這種價值之上。因此，模擬在這第二種意義上應該被正確地理解爲一個二重的、矛盾的結構。它是「雙重發聲的符號；一種複雜的改革、調整和規訓策略，它『挪用』了他者」；然而，其對殖民者和被殖民者間文化差異因素的維持的依賴「對『規範化了』的知識和規約性權力都構成了內在的威脅」（LC 86）[8]。

　　巴巴指出：「模擬的話語是圍繞矛盾性建構起來的；爲了達到有效，模擬必須不斷地產生滑脫、過剩與

差異。我稱之為模擬的這種殖民話語的權威因此受到不
確定性的打擊：模擬浮現為一種差異的表述，它本身就
是一個否棄的過程。這樣，模擬就是一種雙重發聲的符
號；是一種改革、規約和懲戒的複雜策略，在它將權力
視覺化時，它將『他者』（殖民者）『挪用』了。然而，
模擬也是另外一種符號，表示不恰當、一種差異或一種
執迷不悟，它凝聚殖民權力的主控性策略性功能、加強
監管，並既對『規範化』的知識、也對規訓性權力發出
一種內在的威脅」（LC 86）。模擬為巴巴建構殖民地他
者的定型化形象提供了一個新辭彙──這種定型化就是
一個被認為與殖民者相同但仍存在差異的殖民地主體：
「不太像／不太白」（LC 92）。此術語在巴巴的有關殖民
話語的矛盾性觀點中至為重要。對他來說，像莫考利那
樣的暗示的後果就是這樣一個過程：被殖民者透過這一
過程被再生產為「幾乎相同但又不完全一樣」（LC 86）
的主體。被殖民者對殖民者文化、行為、習俗和價值的
照搬既包含嘲諷也包含一定的威脅，「模擬既是相似同
時也是威脅」（LC 86）。模擬利用仿製來介入殖民支配
的曖昧空間，並在這個不穩定且高度混雜的間隙內，發
現殖民者的弱點。透過混雜和轉換，被殖民者將殖民者
的風俗習慣和價值觀念加以挪用仿製，使殖民權威的內
部就隱含著某種內爆的可能性。模擬揭示了殖民話語之

權威的限度，幾乎如同殖民權威不可避免地包含著其自我毀滅的種子。

伴隨著模擬行為的實施，整個能動性的問題從一個固定點移入一種流透過程中：殖民者使用的計策目的是為了維持霸權，但必然伴隨這種將被殖民者固定為一種知識目標的企圖的矛盾態度，意味著權力關係變得遠為模稜兩可。模擬同時賦予權力也導致能動性的喪失。如果控制從殖民者那裡滑走了，模擬的要求就意味著：被殖民者在共謀的過程中仍舊是威脅性的不自覺潛意識的能動體——當殖民者試圖猜測土著人的邪惡意圖時，會導致殖民者的妄想症。土著人當然可能有反叛的暴力思想，但這並非是正統意義上的抵抗形式，而是一個既穩固又動搖殖民者地位的過程。楊指出這與薩伊德關於東方主義的思想形成對比，薩伊德認為那是一個整一的形象，需要從外部進行干預，而對巴巴來說，模擬本身是一種沒有主體的能動性、一種產生影響的代表、一種滑入他者性的相同性，但仍然與任何的「他者」無關。與描述一種認同和否認的矛盾狀態相比，模擬意味著殖民者的更大的失控，這一失控來自殖民控制所必然導致的反控制過程當中，結果是殖民者和被殖民者的身分奇怪地被取消了。楊因而指出，模擬其實不是一種實在的抵抗形式，「而是描述了建構權力中的一個過程，它的運

作更類似於拉岡的潛意識，或許可以仿效詹明信的政治
潛意識，將其稱作『殖民潛意識』」[9]。

　　在巴巴的論述中，要討論模擬就不但要從被模擬主
體的角度談，還要從模擬主體的角度來談。在後一意義
上，模擬可以被描述爲一種「酷似在戰爭中使用的僞裝」
（LC 85）。吉爾波特認爲，巴巴對這種「及物的」和具
有「積極性質」的抵制方式的觀點可從兩個方面來說
明。第一，被殖民主體被賦權回敬殖民者的注視，於是
模擬也是「對控制過程的策略性逆轉……被歧視者的注
視轉回，投向權力的眼睛」（LC 112）；第二，模擬者
也可以拒絕回敬殖民者的注視。在巴巴看來，這兩種做
法都可以有效地動搖殖民權威[10]。

　　模擬既可以是矛盾的也可以是多層次的。後殖民主
體的模擬總是潛在地攪擾鬆動殖民話語，並在帝國主義
控制結構中定位到了一塊在政治和文化上具有相當不確
定性的區域[11]。「模擬標誌著文明規訓內的公民違逆的
那些時刻：壯觀的抵抗的符號。當主子的話變成混雜性
的場域……那麼我們或許不但要從字裡行間閱讀而且甚
至試圖改變它們清楚地包含的常常是壓迫性的現實」
（LC 121），於是巴巴將模擬概念從僅僅是一種令殖民者
不安的因素轉變爲一種干預形式。這種字裡行間的閱讀
方式具體要達到何種效果呢？巴巴說：「這樣的閱讀所

揭示的是殖民地話語的邊界，並且它使得從他者性的空間跨越這些界限成為可能」（LC 67）。模擬概念對後殖民研究的影響是非常深遠的，因為從殖民霸權的這一殘缺中浮現的是寫作，也就是後殖民寫作，其矛盾性對殖民權威是「威脅性」的。模擬的威脅並不在於它將真實身分隱藏在面具背後，而是來自其「雙重視界，在揭露殖民話語的矛盾性時，也打破了其權威性」（LC 88）。後殖民寫作的「威脅」因此就不一定出自對殖民話語的自動反抗，而是來自對殖民權威的這種打斷，這是由於模擬其實也是潛在的嘲諷。莫考利的闡釋者或奈波爾的「模仿人」都是殖民支配之鎖鍊的合意目標（對象），但他們也是「不合意的」殖民主體（臣民），因為他們行為中被發動起來的東西，或許最終將超越殖民權威的控制力。這種「不合意」打亂了主導性話語本身的正常狀態。模擬中固有的威脅也就並非來自一種公開的抵制，而是來自它持續暗示一種不太像殖民者的某種身分的方式。這種殖民主體的身分——「幾乎一樣但又不太白」（LC 89）——意味著殖民地文化總是潛在地、策略性地是反叛的。

三、混雜性

阿皮亞說，是巴巴成功地將「混雜性」這一術語引入了文化研究領域，並使之流行起來，成為後殖民批評術語詞典裡不可或缺的重要概念，甚至導致建立起了一個複雜的思想體系[12]。巴巴似乎天生就與「混雜性」這一概念結下了不解之緣，他在回憶自己祖先的經歷時就指出，他們整個社群的純度和文化本真性都非常值得懷疑，祆教徒移民的原始神話是人種混雜的神話。而巴巴成長並就讀大學的孟買，也是一個多種文化交會（後）殖民大都市，是混雜性的最具體體現，甚至是世界主義的雛形。印度的斷裂性殖民地和後殖民地經驗已經創造了一種新式的生命，它沒有消除文化差異，而是容許許多不同的文化實體共居一個民族空間。巴巴認為，這是我們可以從當代民族社會的經驗中得出的根本教益[13]。

對民族文化和殖民前傳統的主張和強調，在創造反殖民話語和支持一種積極的解殖計畫中扮演著重要的角色，而後殖民主義的混雜性理論則主張一種不同模式的

抵抗。後者將抵抗定位於隱含在殖民矛盾本身之中的顚
覆性話語實踐中，以此來瓦解帝國主義和殖民主義話語
提出其優越性聲明的基礎本身[14]。悖論的是，混雜性就
源自對二元對立的逆反，源自自我和他者的矛盾對立或
曰兩極性這種有害的意識形態。巴巴將對被殖民者的定
型看作是一種拜物教，即將一整個民族的特徵性情集中
於一個表徵符號，然後再否定之。文學文本，尤其是遊
記中，此類拜物教描述甚爲多見。如東方被描述爲墮落
的、神秘莫測的、難以捉摸的，而黑非洲則是野蠻的、
未開化的。歐美人士都是衣冠楚楚、典雅高貴，對比之
下，非洲人都是（半）裸體的、骯髒可怖、令人作嘔的
形象。這就是定型化的、殖民者的拜物教。殖民定型既
是熟悉的，又是陌生的。熟悉是因爲它已經被部分地爲
主導性（殖民者的）意識形態所同化，陌生是因爲主導
性意識形態並不想讓你那麼像，而總要與你保持一定必
要的距離和生疏感。這是一種令人疑惑的雙重性，代表
了一個譏諷與欲望的地點，比如說東方女人吧，她們一
方面是西方鄙視和譏笑的對象：淫蕩、同性戀、墮落、
粗野；而另一方面，她們又成爲西方尤其是西方男性性
幻想的源泉：俯首貼耳、異族風味、性感誘人……。這
就是「殖民幻想」。又譬如殖民者的文明使命之核心也
包含著深刻的矛盾。帝國主義聲稱被殖民者在倫理、社

會、宗教上的低下性，說販賣黑奴是將他們從蒙昧無知的地域解救出來到上帝之國去。但其基礎本身就是矛盾的。如果「他者」可以被教化、正常化、文明化，那麼其所謂的「低下性」就不是一種內在的本質特性，而不過是文化的建構。於是帝國主義的所謂使命之虛假性與不道德性就昭然若揭了。另外，被殖民者對殖民者的反抗必須以殖民者語言早已預設好了的身分（即殖民者的他者）來表現，因而事先已遭化解，失去了對殖民語言的顛覆性。沒有了賴以建構身分的語言與自我意識，因此也就無法形成獨立於壓迫者意識的反抗主體[15]。正是基於對殖民定型和二元對立的覺察，基於對這種衝突雙方複雜矛盾的文化政治鬥爭的深刻認識，巴巴等後殖民理論家才試圖在殖民話語中找到混雜狀態，並將混雜化作為一種消解兩極性的有效策略。

巴巴聲稱自己發展出混雜性概念，用以描述在政治對立或不平等的狀況中文化權威的建構。在殖民者的訓導話語試圖將自身客觀化為一種普泛化的知識或一種正常化的霸權實踐時，混雜性策略或話語就開闢出一塊協商的空間。這一空間裡的發聲是曖昧歧義的。這種協商不是同化或合謀，而是有助於拒絕社會對抗的二元對立，產生一種表述的「間隙」能動性[16]。在巴巴等學者看來，殖民意識形態其實佈滿裂痕，因而被殖民主體也

是有機可乘的。被殖民國家不可能完全抹去殖民者的歷
史痕跡，任何新的身分都要受到宗主國的文化和意識形
態的衝擊和影響。但混雜性提供了一種混雜的可能。如
處於「接觸區」（contact zone）這一中間地帶「受教育
的他者」，就對文明人／非文明人的二元對立構成威脅
和挑戰。在混血雜交（interbreeding）的接觸區（如拉丁
美洲）中，這些「雜種」甚至變成了世界主義者。

　　楊指出，在〈被視為奇蹟的符號〉一文中，模擬被
混雜這一概念所代替，混雜闡述殖民地知識和本土知
識，現在又聲稱它可以產生主動的抵抗形式[17]。巴巴將
混雜性定義為「一個殖民地話語的一種問題化……它逆
轉了殖民者的否認，於是『被否認的』知識進入了主宰
性話語並疏離了其權威的基礎……」（LC 114）。如果殖
民權力的後果產生了混雜化，這就瓦解了殖民權威，因
為重複是有差異的。這樣混雜性就命名了一個「主宰過
程的策略的逆轉」，它「在將歧視的眼神轉回到權力之
眼的顛覆策略過程中」重新影響到權威（LC 112）。這
種回敬的注目不再僅僅像巴巴先前所說的那樣，使殖民
者產生不安和矛盾態度：「如果殖民權力的效果被視為
混雜化的結果……它使一種顛覆成為可能……這種顛覆
將主宰的話語狀況轉變為干預的基地」（LC 112）。巴巴
在這裡指出，殖民主義的話語狀況並不僅僅瓦解殖民地

權威的形式而且也積極地促動本土抵抗。

巴巴透過引用拉岡的想像界概念，進一步將混雜性複雜化了。殖民者和被殖民者雙方都經歷一種認同立場的分裂，這種分裂出現於它們互相的想像認同。巴巴對殖民者與被殖民者關係的分析強調它們互相依存、互相建立起對方的主體性。巴巴指出所有的文化陳述和系統都建立於一個他所謂的「發聲的第三空間」（LC 37）。殖民遭遇的雙方必然被這個不斷交流、協商與轉譯的空間所中介。後殖民的干預工作就實施於這個未定的空間或雜交性地帶。在這個空間裡，「一個新的、超越了非此即彼的政治客體的建構適當地疏遠了我們的政治期待，改變了我們認識政治意義的方式」（LC 4-6）。文化認同總是浮現於這一矛盾而又模糊的空間中，對巴巴而言該空間使得對文化的等級性「純真度」再也站不住腳了。對他來說，認識文化認同這一矛盾空間會幫助我們認識文化多樣性的局限性，而贊同一種增勢的混雜性；文化差異可以運作於這種混雜性中：「第三空間的富有成效的能力有著殖民的或後殖民的起源，這是有深遠意義的。因為一種降入那個異族領域的意願……也許能開闢出通往闡述一種國際性（或民族間的）文化的通道，它不是基於多元文化主義的異國情調或文化的多樣性，而是基於文化的混雜性的刻寫和發聲」（LC 38）。而

且，混雜性常被視作可以雜交繁衍出文化主動性的不同可能性，指向世界主義。正是這種「居間的」空間負載著文化的重擔和意義，而這就是使得混雜性概念如此重要的原因。

追隨法農、薩伊德、巴赫金以及拉岡等人的思想，巴巴使混雜這一概念擺脫了舊有的純生物意義上的貶義性質，並發掘了文化混雜性的顛覆潛力。有人曾指出：「巴巴透過將混雜性一詞同時置入話語重構的語義場中和非領地化的主體性的社會政治領域內，從而把混雜性一詞從其混種的語境中解脫出來」[18]。與此同時，巴巴也運用混雜性去挑戰殖民話語分析和後殖民理論中對殖民者和被殖民者、自我與他者、宗主國中心與殖民地邊緣的嚴格分野。對巴巴而言，這些固定的本質主義範疇不足以幫助理解文化認同；他不去依據靜態的、僵化的、明暗二元對立式的兩分法來考慮文化認同，相反，他關注「文化接觸、侵略、融合和斷裂的複雜過程的機制」[19]。巴巴質疑文化特徵描述中那些穩定的、自我統一的特性。他還聲稱，混雜性為積極挑戰當前流行的對於認同和差異的表述提供了方法（LC 225）。沒有什麼固定的本質和一種不可侵襲的文化類型學，相反，混雜性牽涉一種斷裂性的「對歧視性的身分效果的重複」；它「代表了受歧視主體矛盾地『轉向』妄想狂分類那令

人恐怖的、過度的目標」，而「混雜體最終是不可遏制
（容納）的，因爲它打破了自我／他者、內部／外部的
對稱和二重性」（LC 112-116）。

福路德尼曾經考察了混雜性在巴巴的作品中所出現
的兩種語境：(1)混雜性被歸於文化和社群，作爲其邊界
存在的一種狀況，混雜性的定位被置於一種後殖民背景
中；(2)混雜性被定位於話語、權威之中、定位於巴巴所
謂的訓導性相對於演現性的話語性的歷史寫作中。由此
看出，巴巴實際上至少是在兩種意義上使用混雜性的：
一是作爲（後）殖民文化和殖民話語的一種狀況；二是
作爲一種功能，運作於各種地點上，但並不固著於那
裡。另外，混雜性和矛盾性都聚焦於認同這一中心問
題，二者在巴巴的著作中被頻繁地聯繫起來，模擬也成
了混雜性的一種功能（LC 144-145）。在巴巴的殖民場
景中，雜種和閾限性身分的建立與其模擬的概念相一
致：「幾乎相同，但又不太一樣」（LC 86）。永遠也不
會合攏（也絕不能爲了政治原因而被取消）的差異，產
生了巴巴用其關鍵術語混雜性和矛盾性所描述的內在固
有的不穩定性：「殖民權威的矛盾性不斷地從模擬——
一種幾乎不存在但又不盡如此的差異——轉到威脅——
一種幾乎是整體但又不盡如此的差異」（LC 91）。因
此，巴巴有關混雜性的話語特性反映了靜態和過程性之

間的矛盾性，它構成了巴巴混雜性概念的主要特徵。混雜性既是一個關於認同的充滿爭議的地點，又是一個變換佈局的地域[20]。

註釋

1 Homi Bhabha, "Difference, Discrimination, and the Discourse of Colonialism," in Francis Barker, et al. eds., *The Politics of Theory* (Colchester: University of Essex, 1983), p. 200.

2 Robert J. C. Young, *White Mythologies: Writing History and the West* (London: Routledge, 1990), p. 142.

3 Homi Bhabha, "Foreword: Remembering Fanon: Self, Psyche and the Colonial Condition," in Frantz Fanon, *Black Skin, White Masks*, trans. Charles L. Markmann (London: Pluto Press, 1986), p. xxii.

4 Homi Bhabha (Interviewed by Paul Thompson), "Between Identities," in Rina Benmayor and Andor Skotnes, eds., *Migration and Identity* (International Yearbook of Oral History and Life Stories, Vol. III) (NewYork: Oxford University Press, 1994), pp.183-199.

5 Robert J. C. Young, *Colonial Desire: Hybridity in Theory, Culture and Race* (London: Routledge, 1995), p. 161.

6 Bill Ashcroft, et al. eds. *Post-Colonial Studies: The Key Concepts* (London and New York: Routledge, 2000), p. 139.

7 Bart Moore-Gilbert, *Postcolonial Theory: Contexts, Practices, Politics* (London: Verso, 1997), p. 121.

8 Bart Moore-Gilbert, "Spivak and Bhabha," in Henry Schwarz and Sangeeta Ray, eds., *A Companion to Postcolonial Studies* (Massachusetts: Blackwell Publishers, 2000), pp. 451-466.

9 Robert J. C. Young, *White Mythologies*, p. 148.

10 Bart Moore-Gilbert, *Postcolonial Theory*, pp. 131-132.

11 參閱Bill Ashcroft, et al. eds., *Post-Colonial Studies*, pp. 139-142.

12 Kwame Anthony Appiah, "The Hybrid Age?" *TLS* (May 27, 1994), p. 5.

13 Homi Bhabha, "Life at the Border: Hybrid Identities of the Present," *New Perspective Quarterly*, 14: 1 (Winter 1997), pp. 30-31.

14 Bill Ashcroft, et al. eds., *Post-Colonial Studies*, pp. 118-121; 廖炳惠編，《關鍵字200：文學與批評研究的通用辭彙編》（台北：麥田，2003），頁133-134。

15 徐賁，《走向後現代與後殖民》（北京：中國社會科學出版社，1996），頁176。

16 Homi Bhabha, "Culture's in Between," *Artforum* (3rd anniversary issue) (Sept. 1993), p. 212.

17 Robert J. C. Young, *White Mythologies*, pp. 148-149.

18 Nikos Papastergiadis, "Restless Hybridity," *Third Text*, 32 (1995), p. 17.

19 Robert J. C. Young, *Colonial Desire*, p. 5.

20 Monika Fludernik, "The Construction of Hybridity: Postcolonial Interventions," in Monika Fludernik, ed., *Hybridity and Postcolonialism: Twentieth-Century India Literature* (Stauffenburg Verlag Brigitte Narr Gmbh, 1998), pp. 19-29, 45.

第八章
「少數族」話語與本土世界主義

　　在文化批評中，少數族（minority）一詞首先是指某個社會中在數量上少於其他群體、因而也易受多數族勢力侵害的一個群體。因此，少數族經常意指低級的社會地位或邊緣化的利益，原因是當表達自己的觀點或利益時缺少權力。做少數族就是在社會秩序中有著邊緣化的利益；這樣，做少數族並不等於是少數民族中的一員。如婦女，光看數量或許是多數族，但如果她們的利益被主導的權力結構和表意體系邊緣化了，那她們就是少數族[1]。巴巴關於少數族（minoritarian, minority）和少數族化（minoritization）的理論，多與其世界主義論述密切相關，因為，正是少數族的出現與存在才引起了知識份子、尤其是來自邊緣國家或地區少數族裔知識份子的憂慮與不安；正是少數族裔在宗主國中心所飽受的歧視與壓迫，才導致學者們對世界主義的重新宣導。因此，後殖民知識份子將注意力投向了被消音的少數族、處於社會底層的弱勢族群（群體）。

一、少數族的產生與苦境

　　我們所說的少數族的形成，是指從十五、十六世紀開始直到二次大戰結束的帝國主義的殖民主義行徑所造成的人口大流動，無論那是被迫的還是表面上自願的；以及在殖民統治期間以及之後的「新殖民」和「後殖民」時期，人口由前殖民地向原宗主國的大量遷徙或移民所造成的少數族現象。巴巴說，當我們談到全球性世界那不斷擴展的疆域時，我們不要忘記，與我們緊密相連的、本土的地形圖是怎樣不得不被重新測繪，以包括那些新來的公民，或將自己視爲新近嶄露頭角的、作爲敘述權的活躍能動體的文化或社會群體[2]。如今的少數族地位已經普泛化爲一種悖論式的狀況，這裡少數族和多數族之間的區別時常變得模糊不清，因爲「在北方和南方『內部排外』替代了外部的分離」[3]。巴巴認爲，當少數族幾乎無一例外地被看作是穩定的民族形式之畸變，而非國際性或跨國性生活的日常狀況時，多數族與少數族之間的關係就要麼被假定於同化（差異的逐漸消

失）之上，要麼被假定於「遠方」的仇外文化之上[4]。

　　另一種少數族現象出現於少數族內部，那就是被邊緣化者的再度邊緣化，或者史碧娃克所說的「雙重邊緣化」（譬如第三世界婦女）。巴巴在〈黑人學者與印度公主〉中談到，杜波依斯的小說《黑公主》中的黑人主人公唐斯來到西方都市的中心，參加由這些來自第三世界的世界主義貴族成立的反帝有色人民委員會，與這些階級弟兄共商反帝大計。唐斯眞誠地把這裡當作自己的世界，自己的人民，但卻遭遇到一絲「輕微的——非常輕微的傲慢和誤解……突然間，這裡清楚明白地顯現出一片陰影：種族歧視中的種族歧視，偏見之中的偏見，而他和他的黑人同胞們又一次成爲受害者」。一個日本人在爲該群體虛僞地狡辯：「對我們這些人、也是對我們所代表的更多的人來說，一個更深刻的問題就是……黑人的能力、資格和眞正的可能性的問題。」而在帝國主義者方面，殖民主義種族歧視要求本土人民證明他們的「人性」，方法是透過採用「西方化」的規範——法律、警察、功利主義的城市規劃、公眾／私人的區分、強悍的基督教救贖福音等等。這種文明化的使命啓動了一項文化工程，它假定你願意成爲白人或被白人化或「現代化」，而這種假想的意願也只能被部分地或有選擇地得到許可，於是你自身的區別被「標準化」了，你的欲望

被統一為多數族的主張。另一方面，英國的殖民勢力精於「分而制之、各個擊破」的策略，透過不斷地製造「種族歧視之內的種族歧視的陰影」將不同地區不同文化的民族分割開來[5]。

今天在全球舞台上，在眾多國家的多種族或多元文化的生活世界裡，排他主義和種族歧視的苦果越來越毒害著社群生活。少數族群體和文化群體要求認可它們的差異。昔日曾以熔爐為象徵的文化「同化」，今天已經為雜燴鍋或者中國式的火鍋所代替。國家人口充滿了連字號化或混雜化的人群。在很多方面，少數族裔人口還是最底層、最邊緣的群體之一。在國際層面上，全球性市場和新技術的擴散，培育並推廣了這些文化偶像和機會。但就在我們開始歡呼全球化時，我們必須看到，所謂的「全球性世界」大多常常局限於都市菁英和他們的世界主義中心地區。「新的」人口統計學和「新」技術帶來的令人興奮的新世界秩序，掩蓋了很多與之共存的「舊」世界裡的種種動盪如：戰爭、貧窮、營養不良、愛滋病、文盲、對婦女的剝削以及對其工作權的剝奪等[6]。

二、少數族的策略與理想

　　爲了擺脫少數族在多元文化的後現代社會中所面臨的種種困境、苦境，巴巴提出或強調了數種策略，藉以走出社會權威和文化強權的暴力壓制，擺脫失語症的困擾並找回少數族漸被消弭的聲音，減少多元文化社會中越來越大的貧富、地位和權力之差距，而不僅是多元主義式地尊重差異。巴巴提出以及他所認同的少數族的策略包括：少數族化、笑話演現、將不同領域的社會體制和實踐世界區別爲物質世界和精神世界、文化翻譯，以及組建部分性群體，即是由各種小群體組成的臨時聯合政府、臨時聯盟或應急的政治團體等。

　　首先，巴巴贊同一種文化翻譯的「錯誤規則」。等級制社會中那些少數族成員，在文化翻譯過程中，其表述權或者代表權在實際意義上丟失了，他們在文化上未被翻譯，法律上未被代表；在假定爲他們代言的過程中，他們卻變得無聲無息。巴巴推崇要忍耐現代性的模糊性和矛盾性運動，它類似於一種文化翻譯的錯誤規

則，它在權力的規定和每日生活的危機中開闢了解放的
可能性[7]。

巴巴還曾提出一種有傾向性的、自我批評式的「笑
話演現」作爲獻身於社群存活的文化抵抗和能動性的策
略。這裡笑話被讀作一種少數族的言語行爲，成爲一種
包容性的、抗議性的自我批評式的認同形式。笑話的主
體就是客體，笑話主體與其說是一個人倒不如說是一個
「匿名」的發聲過程或發聲位置——一個集體人。笑話作
品的目的就是復甦僵化的、被囚的少數族文化的形象，
其手段是將被「單摘」出來作爲粗野殘酷笑料的身分符
號重鑄爲文化認同的一種關聯性的表意系統。透過自我
批評笑話作品的演現，浮現出一種認同結構——它爲少
數族社群提供了一種對抗並調節來自「外部」的侮辱和
污蔑，或者來自社群內部的批評方法。笑話的演現是一
種社區共同的認同模式，在這裡，文化歸屬來自一種矛
盾性，這種矛盾性侵擾著那些建立起文化疆界的定位和
權威[8]。

巴巴又提出「政治公民」和「文化公民」的區分，
作爲少數族日常演現的一種出路。前者是在所在社會遵
紀守法、供賦納稅的好公民，他們爲這個「想像的社群」
提供了一種共時性和社會學的一致性感覺。但作爲「文
化公民」，他們也許另外有著情感的和承載認同的歸屬

依附，它們或者圍繞不同的性取向、文化差異或群體差異、「正統」慣例、宗教信仰或習俗等，這些或許都不適合現代性或現代化的日程，諸如此類[9]。

　　而在殖民／後殖民國家，巴巴所欣賞的一種少數族策略是由查特基（Partha Chatterjee）指出的一種「底層民眾」行動方式，它在「社會內部創立了自己的主權領域……其方法是將社會體制和實踐的世界分成兩個領域——物質領域和精神領域。物質領域是『外部的』領域，是經濟、國家管理和科學技術的領域，是西方優越之處，因此對其成就必須仔細地加以學習研究。而精神領域則是帶有『本質的』文化身分印記的內部領域。在物質領域內模仿西方越是成功，就越需要保存精神文化的特性」[10]。少數族「重新劃分」帝國主義強行分割的種族歧視的範圍，將其分成外部領域（物質的）和內部領域（文化的）。透過將內部領域／外部領域的區分模式印刻到歧視性霸權的主要帝國主義話語內部的、殖民主義的自我／他者的二元模式上，反殖民主義策略逆轉了帝國主義霸權。在物質領域內西化的影響越大，在精神和文化的飛地（或譯「孤立領土」，enclaves）之中的抵制就越激烈[11]。

　　另一種策略是少數族化。少數族化是當今世界後殖民批評家用以測度全球性事物的一種方法；少數族的社

群話語，爲我們提供了一種道德尺度，對照它，跨民族的文化聲稱和要求可以得到測度。巴巴認爲少數族化是一種積極的力量。少數族化是一種努力去思考不同的（但未必是超越式的）干預式的尺度，是從暫時性繪製全球狀況的一種嘗試。當少數族被隔離、被逐出民族之外後，他們就只能想方設法利用這個不利因素，變不利爲有利。少數族被拒絕了完全的公民資格，但它們找到了一種在民族內部創立「部分性群體」的可能性，以此作爲一種美學與道德的對策。一個少數族群體絕不僅僅是政治「存在」的數字形式；變成少數族是一種臨時的聯盟或應急的政治團體，它透過利用隔離這一不利因素，創立起共同的事業，目的是爲了恢復一種對文化力量的策略[12]。

巴巴認爲，當今社會中的文化批評者或後殖民批評者有一種不可推託的哲學和政治責任，要在一種充滿活力的、甚至辯證的關係中設想少數族化和全球化，這種責任超越了地方性和全球性、多樣性與同質化、或者少數族與多數族之間的任何兩極對立。但在這種「新國際主義」中，不可能對文化和認同的位置重新定向，除非先將我們看待國家人民的位置方式來一個徹底的重新定向，這些民衆處在變換不定的地域間，是少數族裔在世界主義範圍內的移民[13]。

　　那麼，少數族要達到什麼樣的結果呢？巴巴在2002年6月的清華大學演講中指出，少數族作為主體、作為所屬國公民的敘述權問題。巴巴問：「如果我這奴隸的兒子、流散者的女兒、啟蒙運動的流亡者——如果我從這些偉大傳統的字裡行間細心閱讀，以反經典和反正典之特性進行寫作並透過轉換比喻使其對我有利從而建立起我的敘述權，那又會如何呢？」在巴巴看來，少數族的敘述權並不僅僅是一種語言行為，它也是一個暗喻，表徵著人類對自由本身最基本的興趣和被聽到、被認可、被代表的權利。敘述權就是一種闡述（enunciative）權——一種對話的權利：即對眾宣講和聆聽宣講的權利、表意和被闡釋的權利、敘說與被聽到的權利。在世紀末，正是多樣化的少數族文化賦予了宗主國的中心世界以生機活力。我們必須要學會在一種文化轉換的狀態中存活。只有當我們尊重那些居於我們中間的「有差異的文化和社群」敘述權時，我們才能夠開始將家園與世界連接起來之過程。當代世界主義就開始於對少數族或者「第四世界」敘述權的尊重與保障。任何恐怖主義都不應該成為統治集團剝奪底層民眾之人權、公民資格、民主權利的藉口；任何形式的文化衝突、文明衝突論都不應該被幼稚地或別有用心地被當作是全球化時代世界性矛盾的根源。一種「世界文化」就是一種牽線搭橋的

行爲：這座大橋會將我們的心靈通向未來，這座連接兩端、位居中間的大橋將迫使我們探究對過去的記憶和當今的知識。

三、巴巴的世界主義觀

世界主義是一個古老的概念，或者是自古以來的一種人類理想，在西方文化中，該詞的源頭是古希臘的斯多葛學派，該學派主張禁欲主義、不以苦樂爲意、淡泊堅忍、相信四海之內皆兄弟等。後來重新發明該詞的是康德。在康德看來，國際商務是國家間交際性的一種形式，它爲一種國際都市或世界聯盟鋪平了道路。這種文化在兩種意義上是世界主義的。首先，它只能在世界聯盟所帶來的和平狀態中才能獲得完全的發展[14]。其次，這種文化的心理觀念的和情感的內容超越了倫理的或種族的疆界，因爲它培育了一種普世交流的、促進我們關係融洽（這是我們人類的構成性特徵）的價值和樂趣[15]。對康德而言，世界主義文化是一種具有普世性規範的理想，因爲它是普世道德社群的一種逐步的歷史性接

近，是人類自由的實體領域，不再束縛於大自然的決定
論法則。在古老的東方，無論是在印度還是在中國，也
都產生過類似的世界主義的觀念。佛克馬引用陳榮捷的
話說，「如果用一個詞就能把整個中國哲學史的特徵概
括出來，那這個詞應當是人文主義」，即一種「主張天
人合一的人文主義」[16]。中國從未被劃分為什麼民族國
家，中國所謂的「天下」實際上是指整個世界。這就是
古代中國的「世界大同」觀念。另外，佛教禪宗這另一
個偉大的傳統也像儒家學說一樣具有普遍主義特徵[17]。
此外，十八、十九世紀的歐洲帝國主義者和殖民主義者
也曾經寡廉鮮恥地自封為「世界主義者」，認為它們的
探險、擄掠、屠殺和殖民行徑是普渡眾生的世界主義。
在〈走向新世界主義〉一文中，佛克馬簡述了關於世界
主義一些較有代表性的學者如努斯鮑姆（Martha
Nussbaum）、斯卡皮塔（Guy Scarpetta）、托多洛夫
（Tzvetan Todorov）、布爾迪厄和德希達等人的主要觀
點。佛克馬指出，在十九世紀歐洲勢力強大的民族主義
與世界主義是相對立的。佛克馬預測：既然世界主義曾
經出現於民族國家崛起之前的某一個時期，那麼它就有
捲土重來的可能性，並且一定會拋棄其歐洲中心主義的
內涵。這種新世界主義應當擁有全人類與生俱來的學習
能力之基礎，它也許將受制於一系列有限的與全球責任

相關並尊重差異的成規；它的設計者不是代表民族利益
的政客，而是知識份子，日益增多的國際性非政府組織
就是其徵兆[18]。布萊頓指出，巴巴最近的作品多與「邊
界、流散和世界主義」理論有關，由於他集中探討「想
像的社群的混雜性的跨民族感和轉譯感」（LC 5），因此
頗具代表性[19]。

　　巴巴曾經不止一次地提及自己在孟買的生活經歷對
日後形成的世界主義人生觀和世界觀的巨大影響。巴巴
也多次指出，在接受「正規的教育」、學習「高雅文化」
時，巴巴並沒有看輕自己在故鄉的經驗，反而認為其往
日的日常經驗為他提供了非常不同的遺產，因為它有一
種多語混雜、生活方式多樣的世界主義性質。後殖民社
會或多元文化社會中那些充滿連字號的、混雜的文化狀
況也是本土世界主義的形式，它們明顯超出了特定的國
家範圍。民族國家觀念也失去了迷人的現實性，微觀社
會即所謂的「利益群體」抵制無所不包的民族國家；少
數族群體越來越認定它們的活動場域是「自由主義」學
院或跨國的世界主義能動性[20]。

　　巴巴曾經在法農和德希達的著作中找到了一種世界
主義。德希達指出，在一個移民、少數族、流散者、移
位的「民族」人口和難民的時代裡，一種新的國際主義
之建構，需要在民族歸屬的本體論層面有一種徹底的斷

裂。先於民族根源性之想像的位移，抵消了或抵制著本
體論的趨勢。因為民族身分和民族地位的想像社群是
「首先根植於移位的，或者可被移位的，人民的記憶或
焦慮中的」[21]。二十世紀晚期民族社群的流散、流亡結
構，代表著戰爭、種族主義、饑荒、殖民主義、政治暴
虐和難民的真正歷史，變成了部分性文化或邊緣性實
體。民族身分的現狀變得矛盾而充滿了焦慮，而透過文
化疆界的混雜，則可能會產生一種新世界主義[22]。

在巴巴看來，世界主義其實是殖民主義對世界文化
所產生的巨大影響，或者說所遺留的「揮之不去」的後
果。後殖民的混雜狀況就是一種世界主義，而世界主義
就是巴巴的「混雜化」的概念化和延伸。巴巴看到，這
種新國際主義從具體到普泛、從物質層面到比喻層面的
轉移，並不是一次超越性的順利過渡。生活於殖民地壓
迫之下的人民不得不對付好多種價值、習俗和象徵，以
便在一種他們沒有權力的文化中存活下來。他們不得不
學習壓迫者的社會語言，不得不透過這些語言過他們的
生活。殖民主體卻能夠在那些新的語言中有所創造、有
所生產，能夠學著去對文化宰制的語言進行協商談判。
巴巴指出，我們需要一種地區性或者說地方性的世界主
義，以質問中心的、經典的文化與日常文化之間的分割
[23]。

　　本土世界主義是後殖民經驗的標誌。巴巴指出，很
多偉大的思想家、作家政治家如杜波依斯、甘地、法
農、摩里森等，都沒有繼承世界知識的所謂「偉大傳
統」。後殖民主義贊同的是在各種文化之間進行轉換、
還要穿越它們以便存活下去。本土世界主義者在學習模
糊性和堅忍的痛苦教訓的過程中找到了他們的倫理方向
[24]。巴巴指出，一種「少數族裔的」或文化間際的國際
主義，不應主要地或者排他性地被看作是早已建立的民
族國家和民族文化之間的一場對話。巴巴贊同的世界主
義是芮琦的轉換性世界主義，是阿皮亞的愛國主義的世
界主義，是西瓦（Vandana Shiva）的少數族世界主義，
是一種轉換式的世界主義，是巴巴自己所謂的本土世界
主義[25]。

註釋

1 參閱Andrew Edgar, et al. eds., *Cultural Theory: The Key Concepts* (London and New York: Routledge, 2002), p.240.

2 Homi Bhabha, "A Global Measure," presentation on the "Forum on Postcolonialism" at Tsinghua University in June 2002.

3 Etienne Balibar, "Ambiguous Universality," *Differences*, 7: 1 (Spring, 1995), p. 55.

4 轉引自霍米・巴巴,〈黑人學者與印度公主〉,《文學評論》, 2002,期5,頁176。

5 霍米・巴巴,〈黑人學者與印度公主〉,頁173-174。

6 Homi Bhabha, "A Global Measure."

7 Homi Bhabha, "The Voice of the Dom: Retrieving the Experience of the Once-colonized," *TLS* (August 8, 1997), pp.14-15.

8 Homi Bhabha, "On Cultural Choice," in M. Garber, B. Hanssen and R. Walkowitz, eds., *The Turn to Ethics* (New York: Routledge, 2000), pp. 193-196.

9 Homi Bhabha, "Speaking of Postcoloniality, in the Continuous Present: A Conversation," in David Theo Goldberg and Ato Quayson, eds., *Relocating Postcolonialism* (Oxford: Blackwell Publishers, 2002), pp. 15-46.

10 霍米・巴巴,〈黑人學者與印度公主〉,頁174。

11 霍米‧巴巴，〈黑人學者與印度公主〉，頁174-175。

12 霍米‧巴巴，〈黑人學者與印度公主〉，頁171。

13 Homi Bhabha, "Speaking of Postcoloniality, in the Continuous Present: A Conversation," pp. 15-46.

14 Immanuael Kant, "Idea for a Universal History with a Cosmopolitan Purpose," in Hans Reiss, ed., *Political Writings* (Cambridge: Cambridge University Press, 1991), p. 48.

15 Immanuael Kant, *Critique of Judgment,* trans. Werner Pluhar (Indianapolis: Hackett, 1987), p. 231.

16 陳榮捷編譯，《中國哲學參考資料》（普林斯頓：普林斯頓大學出版社，1963），頁3。轉引自杜威‧佛克馬，〈走向新世界主義〉，載王寧、薛曉源主編，《全球化與後殖民批評》（北京：中央編譯出版社，1998），頁259。

17 杜威‧佛克馬，〈走向新世界主義〉，載《全球化與後殖民批評》，頁259。

18 杜威‧佛克馬，〈走向新世界主義〉，載《全球化與後殖民批評》，頁258-264。

19 布萊頓，〈後殖民主義的尾聲：反思自主性、世界主義和流散〉，《社會科學陣線》，2003，期5，頁182。

20 Homi Bhabha, "The White Stuff: Political Aspect of Whiteness," *Artforum International*, 36: 9 (May 1998), pp. 21-23.

21 Homi Bhabha, "Day by Day...with Frantz Fanon," in Alan

Read, ed., *The Fact of Blackness: Frantz Fanon and Visual Representation* (London: Bay Press, 1994), pp. 188, 190-191.

22 Homi Bhabha, "Anxious Nations, Nervous States," in Joan Copjec, ed., *Supposing the Subject* (London: Verso, 1994), pp. 201-217.

23 轉引自 Jeff Makos, "Rethinking Experience of Countries with Colonial Past," 網上資料（http://chronicle.uchicago.edu/ 950216/bhabha），台灣大學龔紹明博士2002年11月提供，後查出處為：*Chronicle* 14: 12 (Feb. 16, 1995).

24 Homi Bhabha, "Speaking of Postcoloniality, in the Continuous Present: A Conversation," pp. 23-25.

25 參閱 Homi Bhabha, "Unpacking My Library Again," *The Journal of the Midwest Modern Language Association*, 28: 1 (Spring 1995), pp. 5-18.

第九章
霍米・巴巴的語言

一、語言的批判

　　一提起巴巴的語言表達，百分之九十九的人準喊頭疼，我們還是先看點兒軼聞趣事來放鬆一下吧！西方學界主要以學術書籍和論文爲評議對象的「最差寫作比賽」（Bad Writing Contest）1998年年度大獎終於揭曉了。國際知名期刊《哲學與文學》的編輯達騰（Denis Dutton）於紐西蘭的坎特博瑞大學宣布冠軍得主爲：加州大學伯克利分校的比較文學教授巴特勒（Judith Butler），而時任芝加哥大學英文系教授的巴巴也不負眾望，憑著一本《文化的定位》穩居第二，摘走了亞軍獎牌[1]。由此可知巴巴的語言和文風問題確實已經到了臭名昭著、「譽滿全球」的地步。

　　另一則趣事就是「蘇卡爾文本事件」（Sokal hoax）。紐約大學物理學家蘇卡爾（Alan Sokal）模仿後現代語言寫了一篇「形式嚴謹」、「論證有方」的「學術」論文，指出重力和物質現實都不過是一種社會建構，然後投稿到國際著名的人文社會期刊《社會文本》

（*Social Text*）。而《社會文本》的編輯們一看滿眼都是
高深莫測的後現代術語，以爲這肯定是一篇學術前沿的
文章，就全文照發了。等蘇卡爾公開眞相後，社會、學
界一片譁然。後來，蘇卡爾對雜誌的編輯們說：如果眞
有人以爲重力定律只不過是一種「社會常規」，那就請
去一下他的公寓，然後從窗子走出去。他住在二十一
層。蘇卡爾以一種極端幽默而殘酷的方式，把熱衷於後
現代主義式語言表達的學者、學界非常過癮地愚弄了一
番。

　　其實，從二十世紀七〇年代至今，後現代語言風格
在學界之流行已有多年，主要原因是理論家們採取了一
種歐洲（法國）的後結構主義式的分析策略，嚴重依賴
後現代主義批評理論所致。巴巴、史碧娃克、巴特勒等
受後現代理論影響頗深的著名批評家之艱澀語風已是路
人皆知了，而巴巴迂迴艱深的文風更是惱怒了許多學界
人士。《新標準》（*New Criterion*）刊物編輯肯保
（Roger Kimball）認爲他堪稱後現代時代學術寫作之
「楷模」。肯保舉巴巴的論文〈模擬與人〉爲例說明巴巴
的文章具有「莫名其妙」、「天衣無縫的不可理解性」，
認爲巴巴五毒俱全：對當代頂級學界大腕兒（如薩伊德）
的阿諛奉承、關於權力和控制的無休無止的饒舌行話、
純潔無暇的左翼的意圖宗旨、對極端事件的經常涉及、

對範圍極寬的時髦的學術陳詞濫調能夠信手拈來等等，因此肯保當時就斷言，此人日後必然顯貴，是學界明星榜上十拿九穩的得勝者。果然，在八〇年代還是沒沒無聞的巴巴，九〇年代一躍成爲顯赫耀眼的明星[2]。里奧（John Leo）寫了題爲「Tower of Pomobabble」的文章責難巴巴。Pomobabble意義取自聖經舊約中高聳入雲的「巴別塔」（Tower of Babel），巴別塔又因被上帝變亂了人類語言，故有語言雜亂之意；babble意爲胡言亂語、空話、聽不清的話；pomo即postmodern；Pomobabble即是「後現代的胡說八道」。里奧認爲這種後現代胡言其實是一種騙局、一種愚弄或戲弄，目的是要糊弄讀者。里奧借用努斯鮑姆指責巴特勒的話說，當巴巴之流的觀念被清楚簡潔地表達出來時，其實並沒有什麼意思；他們行文晦澀，目的是「欺負讀者；既然人們搞不懂是怎麼回事，那麼一般就肯定一定是有什麼重要的事」[3]。

　　早在1989年，就有論者抱怨滲入了後殖民理論中的歐洲後結構主義的「令人困惑的辭彙比比皆是」[4]。許多批評者認爲，後殖民理論語言的複雜表徵著它意欲凌駕於其他的後殖民分析之上[5]。楊則指出，巴巴不斷地用文本的晦澀、矛盾修飾法（oxymoronic phrases）、間接用典（indirect allusions）來逗弄讀者，他對異質性、衝突性理論的運用所引發的矛盾使讀者陷入令人沮喪的

不確定性之中，「難以捉摸、困難重重而又無法測度」
[6]。柔茲也不滿於巴巴透過書寫的複雜性所體現出的這
種「對文本性的沉迷」，認為這於批評是「無益」的，
「巴巴的作品以一種切線式的、而非系統的方式探討理
論問題……往好裡說，這是隱晦、晦澀，往壞裡說，這
是菁英主義在作怪」[7]。翟克畢也指出後殖民領域對語
言的使用缺乏明晰性且「充滿了行話」[8]。包克姆形象
地指出巴巴的語言充滿了「魚刺」[9]。在左派圈子裡也
「經常有人抱怨巴巴的文章（巴巴所實踐和宣揚的文學
和文化理論）具有不可穿透性，只有那些理解『社會和
文化的特權階層的菁英語言』的人才能看得懂，還有人
認為，輕則說，這是不真誠的表現，重則說是一種對無
關性的保證」[10]。吉爾波特也指出，巴巴的「行文風格
極為（或者過於）密集，甚至都凝結成塊了」[11]。

　　雖然學界對巴巴的行文風格有如許多的責難非議，
可巴巴似乎一點也沒有慚愧難過之意。在一次討論會
上，當有人抱怨其發言「不可穿透」時，巴巴不僅毫不
為之動容，還振振有辭地說：「你發現我的論文具有完
全不可穿透性，我不能為此而道歉。我這樣做完全是有
意識的」[12]。巴巴在回答筆者對此的質疑時辯解說，其
實自己的語言並沒有那麼難，「如果你讀過阿潤特、精
神分析學、海德格的話……如果你讀過存在主義哲學家

的作品，你會發現……我所用的語言就不那麼奇怪了」
[13]。巴巴語言問題的另一個原因是，有些概念是巴巴自
己創造出來的。巴巴認為，一個致力於文化研究事業的
「轉譯者」，必須要努力去尋找與其思想認識相對應的詞
語。或許它們很難理解，因為它們本來就是模糊和矛盾
的；再一個重要原因就是自己敢於面對問題、勇於承擔
對這些模糊問題的探究和論述，而非由於畏難而忽略它
們或者搪塞過去[14]。

二、理性的解釋

　　很多學者不滿於對巴巴採取一棍子打死的闡釋方法
和粗暴態度，認為巴巴的語言風格必定有其原因，而不
是簡單地將其解釋為嘩眾取寵或者故弄玄虛，或者為了
蒙蔽讀者，獲取學界的認可，撈取在西方學界攀升的智
性資本。因為這在邏輯上是說不通的。
　　巴巴的難讀難懂，首先是因為其語言的混雜性。包
克姆就指出，巴巴充滿「魚刺」的語言似乎顯露出作為
後殖民知識份子的巴巴之位置的「不穩定狀態」，因為

他選擇在英國學界和文化空間內來演現其批評事業；是
他自己選擇了，或者說被命定要「連魚帶刺」一塊兒吃
下去：他不是說英語，而是說「多種英語」[15]。其次是
由於巴巴喜歡訴諸於比喻性語言或曰詩性語言。巴巴要
的是點燃和爆發，而非僅僅是啓蒙照亮；是訴諸詩性和
比喻，而非按部就班的陳述；是訴諸直覺，而非理性。
第三，巴巴對多種理論的混雜應用也是其文風晦澀的原
因之一。第四，巴巴繁複的語言風格是對西方學術傳統
的模擬演現，意在挪用殖民話語、演現特殊的主體位
置，以動搖直至顛覆殖民權力之固有安排。第五，巴巴
的晦澀是爲了抵制西方傳統聲明的所謂「知識的透明性」
及其關於自我和他者的模仿性知識之聲明。第六，後殖
民理論明晰性的缺失，也是尋求新的文化社群語言的嘗
試，是破舊立新的實踐，也是其力點所在。第七，深刻
的思想有時需要相應的深刻形式。第八，母國根文化的
浸染。有論者指出：「任何聽過史碧娃克、巴巴、索因
卡、海瑞斯（Wilson Harris）、緬貝（Achille Mbembe）
和穆丁貝（Vumbiyoka Mudimbe）講話的人都會覺察
到，有一種儘管初步但很強烈的感覺，即他們所運用的
演說修辭資源絕非僅僅是西方的」[16]。

　　如果將批評者的態度與時間聯繫起來，我們就可以
看到，人們對巴巴的語言風格越來越能夠接受了。人們

的心情由焦躁變爲平和，由挑剔變得寬容，甚至已經開
始有點兒欣賞了。阿皮亞許諾，對那些有耐心閱讀不與
讀者妥協之文字的人，對那些樂於理解「生活和思想教
訓」的人來說，《文化的定位》必將以豐厚的回饋報答
它所需要的持久關注[17]。理解一位複雜深刻的思想家確
實需要耐心與毅力，需要「持久的關注」。

註釋

1 Anonymous, "Bad Writing," *Change* (May/June, 1999), pp. 9-10.

2 Roger Kimball, "The Perfect Academic: Meet Homi K. Bhabha, Exemplar of His Age," *National Review* (October 15, 2001), pp. 56, 58.

3 John Leo, "Tower of Pomobabble," *U.S. News & World Report* (March 15, 1999), p. 16.

4 Graham Huggan, "Opting out of the (Critical) Common Market: Creolization and the Post-Colonial Text," in Stephen Slemon and Helen Tiffin, eds., *After Europe* (Sydney: Dangaroo Press, 1989), p. 38.

5 Keku Katrak, "Decolonizing Culture: Towards a Theory for Postcolonial Women's Texts," *Modern Fiction Studies*, 35: 1 (Spring 1989), p. 158.

6 Robert J. C. Young, *White Mythologies: Writing History and the West* (London: Routledge, 1990), p. 156.

7 Gillian Rose, "The Interstitial Perspective: A Review Essay on Homi Bhabha's *The Location of Culture*," *Environment and Planning D: Society and Space*, 13 (1995), pp. 365, 366.

8 Russell Jacoby, "Marginal Returns: The Trouble with Post-colonial Theory," *Lingua Franca* (Sept.-Oct. 1995), p. 37. Quoted

from Stephen Slemon, "Post-colonial Critical Theories," in
Gregory Castle, ed., *Postcolonial Discourses: An Anthology*
(Oxford: Blackwell Publishers, 2001), p. 100.

9 Ian Baucom, "Narrating the Nation," *Transition*, 0: 55 (1992), p.
144.

10 See Kwame A. Appiah, "The Hybrid Age?" *TLS* (May 27,
1994), p. 5.

11 Bart Moore-Gilbert, *Postcolonial Theory: Contexts, Practices,
Politics* (London: Verso, 1997), p. 115.

12 Homi Bhabha, "Postcolonial Authority and Postmodern Guilt,"
in Lawrence Grossberg, et al. eds., *Cultural Studies* (New York:
Routledge, Chapman and Hall, 1992), p. 67.

13 霍米‧巴巴,〈後殖民主義、身分認同和少數人化──霍米‧
巴巴訪談錄〉,《外國文學》,2002,期6,頁57。

14 霍米‧巴巴,〈後殖民主義、身分認同和少數人化〉,頁57。

15 Ian Baucom, "Narrating the Nation," pp. 144-145.

16 Ato Quayson and David T. Goldberg, "Introduction: Scale and
Sensibility," in David T. Goldberg and Ato Quayson, eds.,
Relocating Postcolonialism (Oxford: Blackwell Publishers, 2002),
pp. xvii-xviii.

17 Kwame A. Appiah, "The Hybrid Age?" *TLS* (May 27, 1994), p.
5.

第十章
霍米‧巴巴的後殖民理論中的問題與局限

　　自二十世紀九〇年代初，巴巴的著作開始在全球產
生巨大的影響，但隨之而來的是來自各個方面的激烈批
評，無論是西方學界還是東方學界、右翼陣營還是左翼
陣營、文學界還是哲學界，都針對巴巴的著述展開了批
評和責難。根據吉爾波特的觀察，後殖民理論首先遭遇
到的是學界權威性歷史述評的漠然態度。二十世紀九〇
年代出版的權威性著作如《劍橋文學批評史》（*The
Cambridge History of Literary Criticism*, 1995）、《簡明當
代文學理論術語彙編》（*A Concise Glossary of
Contemporary Literary Terms*, 1992）等都對後殖民批評
思想表現出漠視態度。這對後殖民批評在文學批評史上
地位之確立無疑是一種打擊。不過，比這種漠然態度更
爲嚴重的，是在英語學術圈內傳統主義者的公然敵視。
如牛津大學的康拉德（Peter Conrad）、劍橋大學的蓋爾
奈（Ernest Gellner）、歷史學家雅克比（Russell Jacoby）
和麥克肯齊（John MacKenzie）等都對後殖民批評表達
出懷疑態度[1]。我們這裡對巴巴的批評，主要包括針對
巴巴所用的方法論、概念、論證邏輯、語言表達等幾個
方面，其中，巴巴的語言問題我們已有專門述評，在此
不再重複。

一、方法論批評

　　傳統馬克思主義的維護者艾哈邁德對後殖民理論所使用的方法論進行了抨擊，說其方式方法都源自當代歐美批評理論，而這些理論在政治的許多面向上都是反動和倒退的。西方文化批評自二十世紀六〇年代以來不斷脫離與群眾政治鬥爭的實際，而後結構主義就是最明顯、最有害的例證。尤其是在美國，行動主義的物質形式為文本介入所取代，「殖民話語分析」就在激進理論欲疏遠那種行動主義的過程中開始出現，將「閱讀視為適當的政治形式」[2]。

　　後殖民主義的理論來源首推後結構主義和後現代主義，而這兩股思潮都是具有政治逃避色彩的學院理論。六〇年代西方的文化革命失敗後，左翼知識份子紛紛回到學院，變為現在的文化菁英，於是，變革社會的實踐衝動演變為一種純理論性的話語活動。這種話語「實踐」的代價就是遮蔽或忘卻了政治經濟現實。後殖民主義把實踐問題轉換成語言和心理意識的問題，實際上是本末

倒置，轉移了文化批評對當代社會問題關懷的視線。有
人也曾對巴巴作品中跨越政治理論、藝術批評、精神分
析、歷史撰史學等數個領域的廣泛的折衷主義提出疑
問。吉爾波特指責巴巴「一會兒乞靈於李維史陀，一會
兒乞靈於傅柯，一會兒又乞靈於拉岡的理論雜燴，去詆
毀『進步的』思想，詆毀『久遠的過去』的意義」；究
其原因，這與後現代主義的多元文化背景有很大關係。
思想變成只有短暫保險期的理論商品，許多前衛理論都
具有明顯的消費主義傾向[3]。巴巴還經常曲解、甚至嚴
重扭曲所用材料，從而迎合自己的需要和視角。巴巴有
時甚至為了推進自己的論點不惜重寫材料[4]。

　　再一個方法論上存在的問題就是精神分析理論的適
用性問題，這裡直接對巴巴的作品發生作用的理論家包
括佛洛依德、拉岡和法農。吉爾波特認為，巴巴在對精
神分析理論的依賴中，沒有真正考慮精神分析是否是第
一世界的特有知識形式，如果是的話，那麼用它來分析
後殖民的問題或許是很成問題的[5]。詹穆罕默德指責巴
巴非法地將殖民者和被殖民者的心理身分和精神特徵融
合起來，結果生產出一種殖民主體的統一模式，這無形
中忽略了他們在各自處境下至關重要的物質差異，從而
也忽視了在殖民問題方程式的兩邊階級和性別差別向他
的分析模式提出的問題。譬如，他所描繪的那些「積極

的」抵抗力量是否眞是自覺的？巴巴對此一直語焉不
詳；而被殖民的╱後殖民主體的能動力是否自覺地有目
的、有綱領，至今仍不清楚[6]。巴巴在論述中過度自由
的理論轉換也使人感到難以理解。如當精神分析突然消
失，而訴諸於巴赫金式的混雜化；而在另一篇論文中又
消逝無蹤，精神分析又以妄想狂的形式捲土重來。對這
些概念之間的關係不加辨析是令人非常困惑的，難道這
就是巴巴所謂的「理論家的無政府主義」嗎？[7]

　　後殖民理論家在方法上對西方的「高深」理論，尤
其是後現代主義理論的過度依賴，嚴重影響了其所聲稱
和追求的批判性，使人無法認清當今社會的眞正壓迫狀
況，更談不上對抵抗壓迫有確切的合理引導。德里克雖
然嚴苛卻不無道理地指出，巴巴「已經證實自己類似於
一個政治神秘化和理論糊塗化的大師，一個將社會問題
和政治問題簡化爲心理問題的大師，一個用後結構主義
的語言操作來取代歷史和社會闡釋的大師」[8]。對西方
理論產品的依賴問題在巴巴這裡並不僅僅是一個文化背
叛的問題，這些問題在後殖民批評寫作中隨處可見。詹
穆罕默德犀利地追問：「在這種帝國主義的語境中，本
土人的全部經濟和文化都被破壞殆盡，而巴巴卻說本土
人『擁有』『殖民權力』，這是什麼意思？」他的回答與
其提問一樣冷靜：「巴巴未加檢視的合併允許他繞過了

歐洲人和本土人之間物質性衝突的爭端頻仍的密集歷
史，而聚焦於殖民話語，就好像在某種眞空中一樣……
……」。因而，巴巴的觀點「嚴重地忽視了文化和歷史的
政治語境……人道主義的結局的這一典型的方面，要求
批評家系統地迴避一種對在任何文化人工製品或關係的
建構中必然產生的控制、剝削和剝奪政治權利的分析」
[9]。

二、概念批評

　　巴巴等後殖民理論家所慣用的概念如矛盾狀態、模
擬、混雜性、詞語誤用、民族主義與世界主義等，由於
其晦澀縹緲和高深玄妙而備受理論界的批評。廖炳惠曾
經毫不客氣地指出巴巴等後殖民理論家的問題及困境，
說他們居於第一世界高唱後殖民論調，而對第三世界眞
正的跨國剝削、政府暴力、種族衝突、性別歧視等日常
政治視若無睹，甚至於以看似複雜、實則缺乏歷史深度
的術語，把具體的歷史、社會事件加以遺忘，簡直是與
後現代主義及全球文化帝國主義沆瀣一氣[10]。羅永生指

責後殖民理論家透過這些模糊的概念，「將受殖者反抗與顛覆的可能，作過於浪漫化的處理」[11]。

在其後殖民理論中，巴巴特別從殖民話語的角度強調殖民話語的矛盾狀態以及殖民主體（包括殖民者和被殖民者）的混雜。楊針對巴巴的矛盾狀態理論提出了兩個問題：一個是巴巴沒有闡釋拜物主義一詞產生的歷史條件和起源，他提到有必要按照歷史方法和精神分析的方法來檢視殖民話語，但對如何闡釋卻未置一詞。另一個是巴巴運用精神分析範疇分析殖民主義歷史現象的問題。楊進而指出，巴巴表示殖民權力並非直截為殖民者所擁有，這儘管很有意義，但並不等於提供了抵抗的直接證據。巴巴所關注的是，透過闡發殖民話語的內在衝突來展示殖民主體（雙方）的矛盾狀態。沒有對權力的動搖，反殖民主義抵抗本身將毫無力量。巴巴關注的不是聚焦於這種抵抗，而是要表明被抵抗者（殖民者）的猶疑不決。然而問題在於：巴巴的邏輯也同樣適用於對被殖民者的分析[12]。

巴巴對矛盾狀態的運用，使他自己也遇到了一系列理論問題和困難。首先，巴巴的分析中隱含著殖民話語普遍具有矛盾狀態的可能性；抑或說，他的例子構成了特定的矛盾狀態時刻？如果後者是真的，那麼它們與普通的殖民主義文本之間是何種關係？第二，誰是實際上

的「殖民者」、「被殖民者」或者「土著人」？作爲一種「顛覆性策略」，這種矛盾狀態具有怎樣的政治地位？巴巴指出矛盾狀態是不可含納的，它們存在於對主體有意識的控制之外。但這裡的問題是，是否這些表面擾亂性的摧毀實際上無論對於殖民者還是被殖民者來說都是潛意識的，他們雙方都被關鎖在一個只有巴巴能夠闡發的攪擾運動中；還是被殖民者能夠覺察殖民者言談中的這種鬆脫滑動，並有意識地加以利用。實際上巴巴自己也是在這兩種可能性之間游移不定。但問題仍未解決：殖民地話語的矛盾狀態是如何以及什麼時候出現的——在它發聲的時候呢還是與今天的歷史學家或闡釋者一起出現的？有時候巴巴說殖民地話語只有在殖民歷史的某些時刻發出時才變爲矛盾的，這就暗示，在殖民者的家裡它還不是矛盾的，至少其矛盾性還未被啓動。而在有些時候，巴巴又告訴我們事實上殖民地話語在文本層面總已經是矛盾的了[13]。

　　巴巴的模擬既是一種權力的策略也是一種抵抗的策略，殖民者透過誘導被殖民者模仿主導文化的形式和價值以鞏固其霸權。但對巴巴而言，這一策略永遠也不會成功，因爲它總是同時要求屬民與殖民者保持足夠的差異。此外，殖民者所堅持的「文化差異」必然會挑戰西方文化假設的「普世性」價值。但包克姆指出，巴巴的

抵抗模式是基於對霸權式權力的表述形式的挪用，但它所面臨的一種危險就是：不是你要挪用，而是被人挪用；不是嘲諷，而不過是模仿[14]。依斯寶普（Antony Easthope）就說，在實際情形中，我們可以問問那些主子和僕人的動機是什麼。如果主子認為僕人是在真誠地效仿，他就會糾正僕人的錯誤，因此加固自身的權威；如果他認為僕人是故意戲耍他，他就會懲罰僕人。那麼模擬在何種歷史場景中被展現為一種政治策略呢？巴巴對這樣的問題卻絲毫不加理會。依斯寶普提醒我們：雖然歷史確實是一個文本，卻不僅僅是一個文本[15]。在〈被視為奇蹟的符號〉中，巴巴又將模擬轉變為具體的干預形式（LC 121）。然而楊卻指出，巴巴所謂的「要從字裡行間仔細閱讀」，貶低了現實中的抵制，其實，殖民地人民抵抗的紀錄性證據一點也不難找到[16]。

巴巴的修辭策略中一個與模擬相關的詞是「詞語誤用」（catachrestic），法農被巴巴「誤用」來分析殖民話語；拉岡的特殊性模式被「誤用」來提供一種位置性和定型化的地志學；而西方社會移民社群的居間狀況或既不 / 也不狀況，則將德希達的異延和補充性「誤用」式地「翻譯」到少數族話語平台上。在福路德尼看來，巴巴的討論是由霸權式後結構主義，向令人失望的後殖民起源的模仿性文學的一種誤用式的移位[17]。

　　混雜性是巴巴後殖民話語中的重要概念,在巴巴看
來,混雜性有一種斷裂性效用;它在主導性意識形態內
部開闢了縫隙和裂痕;雜種被視爲能夠越界穿梭的能動
體。但混雜性通常隱含著對權力關係之不平衡和不平等
的否定與忽視。巴巴等主張混雜性,這被視爲非歷史化
和非地域化,因而會遮蔽特定文化情形的具體性。楊雖
然爲巴巴的理論辯護,但也反對不加分辨地使用混雜性
概念。他注意到該術語在帝國主義和殖民主義話語中是
多麼具有影響力,是殖民主義式的種族主義話語的一部
分了[18]。

　　殖民接觸其實從來就不是徹頭徹尾非對稱的,因此
有人指出,混雜性並非顛覆性閾限的表徵,而是對殖民
主體的眞實身分的粗暴侵犯;混雜狀態只是使殖民者和
被殖民者在話語上平等起來,卻遮蔽了話語之外那個生
產的統治關係中的對立和不平等[19]。混雜性又強調對被
殖民者和殖民者雙方都產生的轉化性文化、語言和政治
影響,所以它被認爲是透過僞飾或「粉刷」文化差異而
複製了吸收主義政策。批評者認爲,強調相互作用的理
論必然會小覷了對抗性。對混雜性的表示不滿者包括莫
漢蒂、排瑞、艾哈邁德等。他們批評強調混雜性的文本
主義的和理想主義的基礎,並指出它忽視了具體的地方
性差異。

　　在依斯賽普看來，巴巴的混雜性本質上是德希達式的差異（異延）概念運用到殖民地文本語境中的結果，一種主導性文化的主導性意義能夠透過參照混雜性或差異性而受到質疑。依斯賽普進而針對巴巴的差異和混雜性概念提出質疑：(1)巴巴的混雜性在何種意義上能夠被特別地應用於殖民文本中呢？(2)巴巴展現了一種二元對立：要麼完全認同，要麼完全沒有認同，只有差異。巴巴由此將混雜性視為一種超驗的所指；(3)巴巴主張攪擾民族國家的始源或同質性而去贊同差異，但為此付出的代價卻是從中心（各種為爭取選舉權或公民權而進行的鬥爭、民權鬥爭等）撤退；(4)巴巴實質是在重複一種烏托邦式的後結構主義的癡心妄想[20]。巴巴主張解構自我與他者、殖民主體和殖民壓迫者、殖民和後殖民之間的邊界，他是透過集中關注這些兩分之間的罅隙做到這一點的。但政治現實卻警告我們，要小心那條罅隙[21]。混雜性的闡釋是為了給（後）殖民話語批評提供一個觀察的視角和批評的新角度，而不應該成為目的本身。

　　對於巴巴的世界主義和民族主義概念，布萊頓曾經指出，它們有時會模糊了後殖民主義與美國多元文化主義之界線[22]。而謝朋則對巴巴的混雜性世界主義進行了徹底的消解與批判。巴巴等要在人類學式的文化主義或語言學的自由之基礎上樹立「激進世界主義」的嘗試，

依賴的卻是一種文化簡化論。謝朋認為，世界主義論述遮掩了全球化中民族主義的物質動力與活力；在缺少一種可以確保平等國際政治和經濟秩序的「世界國家」的狀況下，政治和經濟的全球化的不平衡狀態使得民族國家成為必不可少的。後者作為一種政治代理，保護「南方」人民免受新殖民資本主義的危害[23]。排瑞也認為巴巴等後殖民學者輕易抹殺了民族主義原則及其有效性，並將民族主義與本土主義看作同質的單一主張。事實上，一定程度的本土論不但很有必要而且是抗拒外侮的基礎。排瑞警告說，「我們不能因為要符合話語之激進主義的當代理論成規，便放棄民族的觀念」，民族主義的反殖民對抗性話語始終有其顛覆統治者意識形態的戰略價值[24]。艾哈邁德指出，後殖民主義將殖民主義的歷史意義空洞化了，因而無法討論固定結構之下（如後殖民民族國家）的固定歷史，也勢必無法探究國家在當代帝國主義與民族主義之間的協商斡旋，更不會觸及各種勞力階層、立法、文化變動等問題。於是，文學的後殖民主義是一種後殖民的全球化狀況，「只能由後殖民批評家去描述，而無法在論述與說教領域之外，針對權力固定架構所產生的固定形式之掙扎、奮鬥中發現」[25]。民族國家非但不是在走下坡路，反而是在逐漸強化。因為國家仍是政治活動及對內、對外的族群、財經、軍

事、勞力、保險、福利措施的最根本架構。

　　那麼，巴巴混雜性的代表人物，或者他眼中的世界主義者都是哪些人呢？答案是：「第四世界」移民主體（LC 164）。因此，巴巴將語言學上的自由和混雜的文化流動體現於流散主體身上，並將這些世界主義形式稱許為當代全球化中後殖民轉變性中介的最進步的形式，因而犧牲了民族主義。謝朋指出，這些人固然不可輕忽，然而，他們並不代表當代全球化的全貌。巴巴幾乎沒有注意那些對其而言流動性並非一種選擇的後殖民地居民。謝朋對於混雜性世界主義立場做了如下總結：首先，它是一種閉門空談的理想主義，一種將複雜的物質現實化減為其象徵性面向，並輕視新殖民壓迫的物質建制的抵抗理論。其次，作為一種新的國際主義或世界主義，只有在它局限於宗主國中心移民、並取消後殖民民族國家作為反對新殖民主義的朝不保夕的能動體的必要性時才是可行的。第三，混雜世界主義認為文化能動性脫離了、或者相對獨立於產生文化的物質力量[26]。

三、話語分析 vs. 政治現實

數量最多、也最銳利的矛頭指向以巴巴等爲代表的後殖民論者對話語分析和文本分析的沉迷及其對社會和政治現實的無睹。早在1985年，詹穆罕默德就指出，當巴巴聚焦於文化符號的不確定性和殖民話語的矛盾模糊之時，卻令人遺憾地看輕了殖民主義的政治歷史，忽視了實際發生的侵害文化體系和社會經濟機制的實踐以及剝削人民掠奪當地資源的帝國主義實踐。巴巴的概念體系缺少對世界之殖民歷史的理解，未能闡述歐洲殖民主義者推行「毀滅本土的司法體系和文化體系並最終否定非歐洲文明」的歷史局勢[27]。吉爾波特從歷史唯物主義的觀點出發，指出巴巴極爲輕視（新）殖民壓迫的物質現實，而同時又將直接的抵抗形式效果最小化了[28]。

巴巴等只顧在殖民／後殖民話語解析中忘形地陶醉，而實際上南方國家仍然在與殖民主義的霸權體制或其接班人新殖民主義作鬥爭。新殖民主義以其經濟和技術的優勢，正用其「價值、態度、道德、機制以及更爲

要緊的生產模式之整體系統」滲透著第三世界或前殖民
地空間[29]，新殖民主義的侵略正在於落後國家創造出新
的社會政治混亂和動盪。巴巴後殖民理論對於處理新殖
民主義似乎證明是無能為力的，它所公開聲稱的反霸權
動力在巴巴的著作中似乎無可挽回地具有妥協性。由於
巴巴的語言及概念框架都取自後結構主義，其後殖民批
評於是「非政治化」地（apolitically）超越了全球性權
力關係和政治鬥爭，而浸淫於混雜性和居間性的後現代
話語之中[30]。

　　後殖民理論一向以政治激進而著稱，但很多陣營內
部的懷疑者並不認為後殖民理論在政治上是激進乃至
「正確的」，卻認為這些理論在思想、方法及效果上都是
非常保守的。巴巴的後殖民計畫在理論化過程中是複雜
的，在政治方向上卻是矛盾的，它故意迴避了這種建設
性的政治責任的承擔。艾哈邁德指出，後殖民理論是特
權階級的話語，其鬥爭活力蛻變為學術時尚，最終對西
方學界的知識產品不構成威脅或挑戰。反對西方主宰的
真正鬥爭，已經被可悲地馴化為一個可安全地進行紙上
談兵的王國，安逸地成為西方傳統文化事業的一個新分
支；後殖民批評把閱讀或文字批評視為最適宜、最有效
的反抗形式，而且透過將特選的分析目標集中於殖民話
語，避免去觸及由當代全球文化關係提出的遠為緊迫的

問題。因此，後殖民理論被認爲本質上是一種調和性理論，後殖民批評家是「翻譯官」和「本土情報員」那樣的新型通敵者，充當了西方主子與原有地方文化之間的協調人。艾哈邁德寫道：「巴巴的作品尤能說明這種釋經學式的方法，它傾向於將整個世界挪爲己用，成爲自己的原材料，但又消抹了歷史地沉澱下來的問題。實際上歷史時間的結構本身在這種無限的異質性的空洞遊戲中被消抹掉了。」[31]

排瑞曾嚴厲批評後殖民理論因小失大、忽視現實的問題，她指出，巴巴等人的作品「沉溺在繁複的話語中，對那些起作用的社會經濟和政治體制以及其他社會實踐形式漠不關心」。後殖民理論無法與眞正的地方性歷史相適配，後殖民的想像性重建往往忽略了歷史上的眞正苦難，而且在賦予過去的零星片斷以意義的過程中，需要依賴某種不連續的歷史觀，特別是斷裂的或遭抹除、含混矛盾的小敘事體或小歷史，以致忘了「誰在進行回憶及爲什麼如此」這類大問題[32]。

德里克也認爲，對地方性話語和地方性行動的強調容易導致對更廣泛的影響和衝擊的忽視。巴巴的言下之意是：那些拆開霸權的象徵秩序和敘事秩序的人成爲反對統治者的最優先地點。但實際上，後殖民理論家蓄意迴避理解當前的危機、掩蓋後殖民知識份子在全球性資

本主義中的出身，與其說他們是全球性資本主義的犧牲
品，倒不如說他們是其受益者。後殖民話語的興起不外
是配合全球化的發展趨勢，是全球化機器在邊緣地帶疏
導抗拒力量，吸納菁英人才的一種論述工具[33]。而艾哈
邁德的觀察則更為犀利：後殖民理論家在學術圈內重現
了由全球資本主義決定的國際勞動分工。第三世界的文
化生產者把初級材料送到主宰國，然後，在那裡被提煉
成為精品理論，主要用來供主宰國的文化上層消用[34]。
簡言之，後殖民理論號稱要救第三世界於殖民主義和帝
國主義霸權之水火，卻極具諷刺意味地重新上演了一個
世紀前西方霸權對荒蠻的邊緣國家的霸權性支配，只不
過這次不是在政治、經濟或軍事領域，而是在文化和意
識形態領域，而後殖民知識份子則扮演了一個很不光彩
的從中牟利的掮客或「倒爺」（甚至是「幫兇」或「共
犯」）的角色。

四、論證邏輯批評

　　巴巴指出，「自戀式權威的另一邊或許是權力的妄

想狂」，當自戀式要求被拒絕時，妄想狂就出現了，並
且不可避免地被「重新刻寫為毫不留情的侵略，肯定性
地無中生有：他恨我」（LC 100）。但楊指出，這種投射
並不僅僅是幻想：無論如何，土著人確實是恨殖民主子
的。這樣殖民者的「他恨我」的觀察就並非過度理解，
而是完全正確的。而且，如何去識別恭順的服從與巴巴
所謂的「狡詐的恭順」之間的差異呢？如果狡詐的恭順
確實是一種被殖民者的普遍流行的策略，那麼這就意味
著巴巴所謂的「愛爭論、好撒謊的土著……的重複性幻
想」（LC 100）也並不像他所暗示的那樣完全是幻想，
而是土著人確實撒謊。在楊看來，巴巴複製了他的目標
的確實性：在他模稜兩可的話語中，他描述的滑移和矛
盾狀態似乎同樣適用於他自己書寫的修辭中，他的書寫
重又生產出他所分析的材料的形式和結構，強調同時又
瓦解了它們的權威性模式[35]。

　　巴巴等一直聲稱後殖民批評家的任務，首先需要解
構二元對立，走出帝國主義的殖民者所設定的優劣高低
的循環，訴諸一種差異的視角和眼光。在某種程度上，
巴巴似乎也一直在這麼做，可是悖論的是，有時候巴巴
的論證還是不知不覺地滑入了二元對立的陷阱。如巴巴
在《文化的定位》「結論」一章中，聲稱試圖「在現代
性中提供一種書寫歷史差異的與二元分界相左的方法」

（LC 251）時，其作品卻恰好重演了他試圖替換的層級制。就以混雜性爲例，它爲了使概念自身有力就假設了其對立面的存在。因此就面臨這樣的危險：即混雜性（或後殖民性）本身將變爲一個本質化的或者優先的術語[36]。又有論者指出，巴巴那令人懊惱、沒有定形而又同質性的修辭賦予了（總已經是反叛的）移民認同以優先地位；巴巴的理論思考透過指向「對種族特性的虛妄的乞靈」，確實留有挑戰「所有民族視角之連貫性」的可能，但它們同樣也爲「民族視角和流散視角間的二元對立」的具體化留下了空間，這種對立可能將自己重申爲一種「公開的和文化的民族主義」[37]。

　　這裡最激烈的批評者要數瑪柔馳（Mustapha Marrouchi），他說巴巴的「囉嗦繁複絲毫不能掩飾其立場的根基及其將所有東西都搞錯的出色天才」，就以他在《文化的定位》中對「殖民陰謀」的閱讀爲例，他得出的結論卻陷於他想要批評的文化二元對立中。巴巴堅持西方國家的現代文化必須被從後殖民的視角完全重新定位，並提出一種正在出現的、主要來自於底層和被移位階層的批評知識。巴巴將殖民定型視爲一種「複雜的、矛盾的表述模式，既是焦慮不安的又是武斷的」，此觀點基於一種類似於精神分析的思想分裂結構的對立模式（LC 70；81）。這裡巴巴不但簡化了社會事務和政

治事務，而且還將歷史犧牲於後結構主義的「掠奪」之中[38]。

　　另外，巴巴對法農的解讀是頗爲令人深思的。是巴巴用他的後殖民主義拂塵，將歷史的灰塵從法農的臉上拂去，讓學者們的眼光再一次投射到這位曾經風光一時的革命的思想家身上。但從另一個角度來看，巴巴也是法農思想最嚴重、最隨意的歪曲者和肢解者。法農早期的著作立足於激進的心理學與殖民論述這兩個層面的交接地帶，而且他把精神分析上的神經錯亂與帝國主義的統治關聯起來，這也是巴巴只對法農早期的著作（如《黑皮膚、白面具》）推崇有加的原因。蓋茨說，當法農不能被調和到有關身分的後結構主義理論中時，巴巴就大呼遺憾，因爲他想要法農做得比他還後結構主義[39]。因而排瑞說巴巴其實是給法農硬按上一頂「早熟的後結構主義」的大帽子[40]。也有論者從馬克思主義的視角質疑巴巴以倒退的方式閱讀法農，而非以進步的朝向更加公開的政治抵抗形式來閱讀他。

　　吉布森（Nigel Gibson）結合巴巴近期的作品剖析了巴巴對法農的嚴重誤讀或歪曲。吉布森指出，巴巴說法農拒絕被聲明、被定性，但巴巴自己卻花費了十年的功夫爲法農定性，發明出一個後殖民主義法農，最終導致了一個被馴化的法農的誕生[41]，從而幾乎迴避了歷史

的變化過程。或許，巴巴對法農的記憶／再造的一種有意的後果就是肢解法農，導致了一個根植於拉岡反對黑格爾的法農；一個根植於後現代主義碎片化反對馬克思主義的法農；一個根植於自我設限的革命反對「永久性革命」的法農。不但不像巴巴所說的那樣「在其歷史性的形成過程中抓住『轉瞬即逝』中的辯證法」，相反，當精神分析變成主導敘事時，這種歷史形成斷裂的辯證法最終也被批判性法農論者們迴避了[42]。

　　除此之外，還有人指出巴巴把殖民地情景簡單化了，因為在殖民地狀況中，不僅有殖民者與被殖民者兩種身分，還有諸如性別、階級等別的因素，而且都是殖民地境況的重要因素。巴巴在〈他者問題〉中指出白人的規範化和種族定型化之根深蒂固。然而，巴巴的模式卻未能考慮性別因素，甚至不能認可被殖民女性的獨特苦境（LC 66-84）。另外，柔茲認為巴巴對殖民主義的失敗所抱態度過於樂觀。使得柔茲憂心忡忡的，是巴巴的新混雜世界之樂觀主義中所隱含的無實體性（incorporeality）。葛蘭西也說過，知識份子心靈中既要有樂觀主義，也要有悲觀主義[43]。

　　那麼巴巴對自己所從事的理論事業抱何種態度呢？巴巴對其理論的現實意義也持有同樣的自信嗎？有一次，在提到妻子賈桂琳的研究工作及其對自己的助益

時，巴巴曾說過：「她對英國移民和國籍方面法律的歧
視性質的政治研究活動，使我相信：理論事業的卑微有
限（modesty）」[44]。我們不能僅僅把這句話當作巴巴無
奈的自嘲，也不能僅僅把它當作是回應批評的搪塞，更
不能僅僅把它當作是知識份子逃避責任承擔的藉口。這
話其實是意味深長的。

註釋

1 Russell Jacoby,"Marginal Returns: The Trouble with Post-Colonial Theory," *Lingua Franca* (Sept. & Oct. 1995), p. 32. 轉引自巴特・莫爾─吉爾波特等編，楊乃喬等譯，《後殖民批評》（北京：北京大學出版社，2001），頁116。

2 Aijaz Ahmad, *In Theory: Classes, Nations, Literatures* (New York: Verso, 1992), p. 38.

3 巴特・莫爾─吉爾波特等編，《後殖民批評》，頁358、360-361。

4 Bart Moore-Gilbert, *Postcolonial Theory: Contexts, Practices, Politics* (London: Verso, 1997), p. 115.

5 Bart Moore-Gilbert,"Spivak and Bhabha," in Henry Schwarz and Sangeeta Ray, eds., *A Companion to Postcolonial Studies* (Massachusetts: Blackwell Publishers, 2000), pp. 462-463.

6 巴特・莫爾─吉爾波特等編，《後殖民批評》，頁92。

7 Robert J. C. Young, *White Mythologies: Writing History and the West* (London: Routledge, 1990), pp. 152-155.

8 Arif Dirlik,"The Postcolonial Aura: Third World Criticism in the Age of Global Capitalism," *Critical Inquiry*, 20: 2 (1994), p. 333.

9 Abdul JanMohamed,"The Economy of Manichean Allegory: The Function of Racial Difference in Colonialist Literature," in Henry

Louis Gates Jr., ed., "*Race*," *Writing, and Difference* (Chicago: University of Chicago Press, 1986), p. 79.

10 廖炳惠，《另類現代情》（台北：允晨文化，2001），頁250-267。

11 羅永生，〈專輯導言：解殖與（後）殖民研究〉，香港嶺南學院翻譯系「文化／社會研究譯叢編委會」編，《解殖與民族主義》（香港：牛津大學出版社，1998），頁xiii。

12 Robert J. C. Young, *White Mythologies*, p. 145.

13 Robert J. C. Young, *White Mythologies*, pp. 151-153.

14 Ian Baucom, "Narrating the Nation," *Transition*, 0: 55 (1992), p. 145.

15 Antony Easthope, "Bhabha," in Catherine Belsey, ed., *Privileging Difference* (Basingstoke: Palgrave, 2002), pp. 53-54.

16 Robert J. C. Young, *White Mythologies*, pp. 149-150.

17 Monika Fludernik, "The Construction of Hybridity: Postcolonial Interventions," in Monika Fludernik, ed., *Hybridity and Postcolonialism: Twentieth-Century India Literature* (Stauffenburg Verlag Brigitte Narr Gmbh, 1998), p. 49.

18 Bill Ashcroft, et al. eds., *Post-Colonial Studies: The Key Concepts* (London and New York: Routledge, 2000), pp.119-121.

19 Amrohini J. Sahay, "The Location of Culture (book review)," *College Literature*, 23: 1 (Feb. 1996), p. 231.

20 Antony Easthope, "Bhabha, Hybridity and Identity," *Textual Practice*, 12: 2 (London: Routledge, 1998), pp. 343-347.

21 Monika Fludernik, "The Construction of Hybridity: Postcolonial Interventions," in *Hybridity and Postcolonialism: Twentieth-Century India Literature*, p. 49.

22 布萊頓，〈後殖民主義的尾聲：反思自主性、世界主義和流散〉，《社會科學陣線》，2003，期5，頁181-183。

23 Pheng Cheah, "Given Culture: Rethinking Cosmopolitical Freedom in Transnationalism," *Boundary* 2, 24: 2 (Summer 1997), pp. 158-170.

24 Benita Parry, "Resistance Theory/Theorizing Resistance, or Two Cheers for Nativism," in Francis Barker et al. eds., *Colonial Discourse/Postcolonial Theory* (Manchester and New York: Manchester University Press, 1994), pp. 176-179.

25 Aijaz Ahmad, "The Politics of Literary Postcoloniality," *Race and Class*, 36: 3 (1995), pp. 1-20.

26 Pheng Cheah, "Given Culture: Rethinking Cosmopolitical Freedom in Transnationalism," pp. 157-197.

27 Abdul JanMohamed, "The Economy of Manichean Allegory," pp. 79-80.

28 Bart Moore-Gilbert, "Spivak and Bhabha," p. 462.

29 Abdul JanMohamed, "The Economy of Manichean Allegory,"

p. 80.

30 Shaobo Xie, "Writing on Boundaries: Homi Bhabha's Recent Essays," *ARIEL (A Review of International English Literature)*, 27: 4 (October 1996), pp. 155-166.

31 Aijaz Ahmad, "Postcolonial Theory and the 'Post'-condition," Socialist Register (London: Merlin Press, 1997), p. 370.

32 Benita Parry, "Problems in Current Theories of Colonial Discourse," *Oxford Literary Review*, 9 (Winter 1987), p. 43.

33 Arif Dirlik, "The Postcolonial Aura," pp.328-356.

34 巴特·莫爾—吉爾波特等編，《後殖民批評》，頁117、368；Bart Moore-Gilbert, *Postcolonial Theory: Contexts, Practices, Politics*, pp. 18-19.

35 Robert J. C. Young, *White Mythologies*, pp.150-156.

36 Bart Moore-Gilbert, "Spivak and Bhabha," p. 463; 巴特·莫爾—吉爾波特等編，《後殖民批評》，頁93。

37 Paul Gilroy, "Cultural Studies and Ethnic Absolutism," in Lawrence Grossberg, Cary Nelson, and Paula Treichler, eds., *Cultural Studies* (New York: Routledge, Chapman and Hall, 1992), pp. 187-198.

38 Mustapha Marrouchi, "Counternarrative, Recoveries, Refusals," *Boundary 2*, 25: 2 (1998), pp. 219-221.

39 Henry Louis Gates, Jr., "Critical Fanonism," *Critical Inquiry*,

17 (Spring 1991), p. 460.

40 Benita Parry, "Problems in Current Theories of Colonial Discourse," pp. 31, 32.

41 Homi Bhabha, "Unpacking my Library...Again," in Iain Chambers and Linda Curti, eds., *The Post-colonial Question: Common Skies, Divided Horizons* (London: Routledge, 1996), pp. 190-191.

42 Nigel Gibson, "Thoughts about Doing Fanonism in the 1990s," *College Literature*, 26: 2 (Spring 1999), pp. 96-108.

43 Gillian Rose, "The Interstitial Perspective," p. 372.

44 Quoted from Ian Baucom, "Narrating the Nation," p. 146.

結語
後殖民主義的未來及其在中國的傳播

一、後殖民主義的出路

　　當邵哈特看到波灣戰爭爆發、社會各界紛紛聲討美國的單邊主義惡劣行徑，而一向以激進地反對帝國主義霸權自居的後殖民主義卻非常顯眼地從這場討論中「缺席」時，她所提出的疑問是：這僅僅是巧合，還是後殖民一詞無力進行地緣政治批評，或是無力批判主流媒體的波灣戰爭的宏大敘事？[1]面對嚴酷的現實，後殖民主義還能動輒訴諸後現代主義修辭嗎？後殖民批評如何繼續在學界保持其批判的鋒芒，甚至，證明其存在的正當性？因此邵哈特認為目前急切有必要重新測繪後殖民的意義，質問後殖民研究所自稱的政治主張，探索後殖民一詞本身的定位政治，並質疑其非歷史的、普泛化的運用及其潛在的去政治化涵義。針對後殖民理論對混雜身分認同的強調，邵哈特指出，「如果不是聯繫霸權問題和新殖民權力關係問題進行闡發，那麼對合成論和混雜性本身的慶賀，將冒著認可殖民暴力之既成事實的危險」，而要保持後殖民批評在將來的活力，則「後殖民

之概念必須受到質疑並從歷史上、地緣政治上和文化上被語境化」[2]。

後殖民理論面對世紀之交的理論僵局，言語修辭天花亂墜卻又有氣無力，或者，正是因為其表面的天花亂墜，在面對直白冷酷的現實時，才尤其顯得氣若遊絲。很多理論家都不同程度上意識到了邵哈特所感受到的尷尬和難堪。第芬不無擔憂地試圖使我們相信後殖民主義的功績：「無論文本／文學研究在二十一世紀的命運如何，後現代主義，或者更具體地說後結構主義與後殖民主義的聯盟，已經決定性地、成功地於學界建制內侵蝕了英國文學和基於經典之研究的中心地位」[3]。但很多文本卻從未掩飾過它們對後殖民將來的焦慮之情，光看下列題目就很能說明問題了：「Past the Last Post」、「The Ends of Postcolonialism」、「Directions and Dead Ends in Postcolonial Studies」……

繼《白色神話》（1990）和《殖民地欲望》（1995）之後，後殖民理論家楊又於2001年出版了《後殖民主義：歷史導引》（*Postcolonialism: A Historical Introduction*），楊基於前著，在更寬的範圍內重新探討了原來的計畫，並對在近期內發生在這一領域的主要變遷做出深刻的反思。在楊看來，後殖民研究在現階段的走向主要包括四點：(1)將文學理論和哲學理論之敘述深

植於物質性和歷史性的語境中，試圖調和反殖民運動的
能動性與高深理論的解構能量之張力；(2)避開與後現代
主義的爭論，而轉向對現代性、另類現代性和反現代性
的重新思考；(3)將歷史主義重新思考爲塑造西方歷史的
條件；(4)用「三大洲」（tricontinental）來代替後殖民，
後殖民主義「作爲一個基於反對歐洲中心主義話語的三
大洲的反知識，最好也被稱爲『三大洲主義』
（Tricontinentalism）」[4]。楊的建議是頗具啓發意義的。

　　布萊頓近期也表達了對後殖民理論未來的關注。布
萊頓呼籲要在與全球化的對話中重新思考後殖民主義問
題。雖然後殖民主義元氣未盡，尚未被規範化；但其批
判的鋒芒確實需要重新磨礪，需要重新制定方向。這種
磨礪可以透過綜合思索諸如世界主義、流散、特別是自
主性等概念來實現。恰切的批評總是提出解決方案的先
在條件，或者說對前途的探討總離不開對弱點的洞悉。
二十世紀九〇年代，批判後殖民、尤其是其「後」字之
作用的作品源源不斷，批評者指出其危險性在於它的化
約性、同質化、線性進步主義、非歷史性和盲目樂觀主
義。作爲解決問題的嘗試，布萊頓從細處著眼，對當代
後殖民研究工作提出三點建議：(1)重鑄辯論所用的語彙
（避開文化主義／唯物主義的二元觀點或避免專注於表
述的雙重場景）；(2)轉向對支持這場辯論、並爲之提供

參照辭彙的思想做更加廣泛的分析；(3)更加精心細緻地
檢視自身內部某個分支的潛能，如賤民研究[5]。

後殖民理論最深刻最有力的批評者之一排瑞同意盧
姆巴等的看法：西方學界對移民或流亡現象的癡迷，導
致了對獨立後民族國家之情境的忽視，因為流散者急劇
膨脹，「界定了後殖民狀況的全部經驗」，而「『雜種』
的主體位置照例被擴展為修正式發聲的唯一政治概念」
[6]。排瑞認為，後殖民研究現在應該宣導實地調查那些
真正的、不穩定的、窮困潦倒的流散者，播散他們的經
驗。後殖民批評必須「轉離對革命和解放等宏大敘事從
修辭上進行的輕視和污蔑，回到一種立基於物質、社會
和存在的政治」。歷史的見證不能僅僅得自書寫的模
式，並屈服於對批評家的先驗性理論要求，而是呼喚經
驗性調查。能動性也不能只是被設想可以在發聲的層面
被上演、被恢復。後殖民批評家們的作品不能再逃避顯
著的去殖民過渡狀況，他們的作品也不能無視對買辦政
府和寡頭政治的繼續抵抗。後殖民理論家只有積極研究
反對帝國主義控制的鬥爭，才能充滿活力地針對這些差
異開展討論。排瑞告誡那些致力於後現代分析範式的後
殖民理論家，不要再仇視解放理論，不要輕言對政治和
經濟放棄，以免因為閉目塞聽，而削弱了對殖民主義和
晚期帝國主義的思考力度[7]。總之，後殖民批評只有不

再沉迷於後現代話語修辭，關注真正的底層民眾而非享
有特權的自願的移民，停止對革命性宏大話語的無端蔑
視，將眼光拉回物質的、社會的和存在的現實世界，後
殖民批評才有希望和前途。

　　後殖民主義在西方自二十世紀七〇年代末開始廣為
傳佈，其理論的探索和發展歷程確實轟轟烈烈。我們在
分析其弱點盲點誤點、批評其思想上、方法上、態度上
和行動上的種種弊端時，應該抱著積極的態度，肯定它
對文學和文化批評理論建設帶來的重要啟示和新穎角
度，以及並不少見的深刻剖析和遠見卓識，建設性地為
其將來的發展提出改進的策略。後殖民批評首先是一種
文學批評的方法和視角，但僅僅在文學領域，就已經使
我們再也不能以舊有的眼光看待西方的傳統經典。它的
反思習慣和解構傾向都為我們從事文學批評和文化研究
提供了不可多得的視角和策略。我們可以肯定地說，後
殖民理論走到二十一世紀的今天，其歷程可謂輝煌一
時，其影響可謂不同凡響。從另一方面來說，後殖民批
評的盲點還是很多的，筆者無意重複；這裡只想指出，
後殖民的未來，從大的方面來講，離不開全球化的發展
和演化。布萊頓認為，確定後殖民研究未來計畫的目標
及其恰當的起點是十分必要的，尤其是當前在全球化已
經占據其大量的話語空間時，更應該如此[8]。對全球化

以及相伴而生的新／後殖民主義持續的警覺和敏銳的剖
析，是後殖民理論「度過」（weather）全球化浪潮而存
活的條件，是全球化不再演變爲新一輪／種殖民主義的
微渺的、但確實存在的希望。後殖民理論和全球化之間
的有機互動，是一種新式國際主義（不太像巴巴的「本
土世界主義」，也不敢奢望中國古代就懷有的「世界大
同」）最有可能的基礎。

　　從微觀上講，後殖民批評將來的發展，首先需要解
決方法論的問題，擺脫或者減輕對後結構主義的依賴，
跳出或者超越西方「高深」的後結構理論的限圍，在消
解批判目標的二元對立時，及時覺察並勇於消除自己的
二元對立，不再徘徊於邏輯錯誤的循環。其次，要尋求
一種更有效的語言表達方式，傳達自己的政治主張和文
學、文化觀念，不再就範於後現代主義繁複花俏矛盾模
糊的畸形修辭之中。再次，界定後殖民的涵義與範圍，
設定明確的策略議程和研究範圍，不使流於淺陋和空
泛。第四，回到現實，扎扎實實地關注蜷縮在地球陰暗
角落裡的眞正受苦者，傾聽弱者、被消音者微弱的苟延
殘喘之聲，爲／幫助他們闡發出自己的欲求。但或許，
當某一天，後殖民做到了所有這一切時，它已經不是後
殖民了。理論的發展可以被剖析，可以被批評，卻很難
按某些人理想的方式被規範。但無論如何，我們還是相

信，後殖民主義的未來命運主要取決於其目前存在問題
的解決程度。

二、後殖民主義在中國

　　後殖民理論自二十世紀八〇年代末首次在中國出現
至今，已有約十五年的播散歷史。1993和1994這兩年對
後殖民理論的大規模引進和嘗試性應用是一個過渡時
期，它使人們對後殖民主義的認識由陌生變爲熟悉；在
1995年到1999年的這段時間內，是後殖民主義在中國大
陸的全面發展期：有關「中國文論重建」（與「失語
症」）、「後學及其保守性」、「文化殖民現象」（張藝謀
獲獎現象、海外華人自述文學、外文招牌等問題）、
「民族主義」、「第三世界批評」、「中華性」等的討論
都處於激烈的活動期；主要後殖民理論家（尤其是薩伊
德）的著作被翻譯進來，主要包括博埃默著《殖民與後
殖民文學》（1998）、薩伊德的《東方學》（1999）、羅鋼
等編的《後殖民主義文化理論》（1999）、謝少波等翻譯
的《賽義德自選集》（1999）、湯林森的《文化帝國主義》

（1999）；這一時期的專著及編著的著作主要有：徐賁著《走向後現代與後殖民》（1996）、盛寧著《人文困惑與反思——西方後現代主義思潮批判》（1997）、汪暉等編《九〇年代的「後學」論爭》（1998）、王寧著《後現代主義之後》（1998）、王寧等編《全球化與後殖民批評》（1998）、王岳川著《後殖民主義與新歷史主義文論》（1999）等。這一時期的專著、論文和譯著體現了中國大陸在後殖民理論研究和後殖民批評實踐方面的最高成就。1999年之後，學界的關注點開始向「全球化」及其對文化的影響轉移，對後殖民主義的討論開始淡出。這一時期的重要譯著尚有吉爾波特等編《後殖民批評》（2001）和薩伊德的《知識份子論》（2002）等；重要專著有王寧著《超越後現代主義》（2002）等。

　　後殖民主義在中國學界直接或間接地引發了多次大辯論，如所謂「後學」的「新保守主義」、「第三世界文化」、民族主義、「失語症」、「中華性」等問題，而貫穿其中的是對知識份子批判責任的認識問題。這些討論從長遠來看對澄清後殖民理論的定義、意義與效用、對正確對待西方文論的引進、對中國當代文論和批評話語的建設都有著極大的建設性意義，是非常有價值的。但後殖民主義在中國的倉促旅行也帶來了、引發了、暴露了當前中國文論界和學界整體的許多問題，值得我們

做嚴肅的思考。

在一定程度上，後殖民主義在西方非常有益地消解了種種本質主義，如西方中心主義、白人中心主義、「進步論」、西方現代性、「東方主義」等，和種種的二元對立，如黑與白、東方與西方、現代性與非（前）現代性、文明先進與野蠻落後、中心與邊緣；後殖民理論旅行到中國，反而被很多批評家拿來建構起中國語境下的本質主義和二元對立，如東方（或者中國）與西方（掉過頭來）、第三世界與第一世界、「中華性」與「現代性」、「本眞性」與「殖民話語」狀態、「本土」與國際、甚至（非常可悲地）國內與海外，十分積極地從事「逆寫」西方後殖民理論的工作。對這種二元論和本質論，很多學者如汪暉、陶東風、趙稀方、王寧、王岳川、徐賁等都已經做了大量有力的批駁與分析。那麼，我們是不是要全然拋棄任何的本質主義觀念，譬如說「民族主義」呢？

作爲後殖民理論「聖三一」之一的霍米·巴巴固然一貫地揭露本質主義民族觀的種種弊端、危險及其在當代社會中的反動表現，堅定地反對本質論的、極端的、排外的、退步的民族主義，但巴巴也承認，對不同的民族主義要區別對待。意在爭取國家獨立和民族解放的上升階段的民族主義是值得爭取和褒揚的，而西方中心

的、原宗主國的、逆動式的、極權式的民族主義則需要
消解。目前全球化時代的多元文化語境中，在疆域、傳
統和「人民身分」之間確實有一個「鏈結」，它具有國
家和管轄的功能，並給人以「重要的歸屬感」[9]。巴巴
在回答筆者提問時，也曾經希望中國的學者和知識份子
要努力向世界「傳達他們所經歷的歷史教訓、傳達他們
不斷地努力吸取儒家傳統、毛主義傳統和馬克思主義傳
統以創造出一種生活於世界上的方式和途徑，這種生活
方式既是中國特有的，但也關係到更廣的人文理想，這
是全世界所共有的」[10]。巴巴無疑是反對本質性民族主
義的代表人物，可是面對這個實實在在的問題，他表達
了這樣的民族觀和學術的出發點：中國自身的歷史教
訓、儒家傳統、毛主義和現代中國一貫推崇的馬克思主
義傳統，這些說白了就是具體民族的（不是民族主義的）
具體傳統和積澱。可見無論巴巴多麼欣賞世界主義，其
立足點還是民族與傳統。他沒有說你最好去依英美文化
或印度文化為起點，那不是更世界主義嗎？而是讓你依
據自己的民族傳統與歷史為起點：知識的起點和學術的
起點、知識份子思考和批評的起點，也是成為所謂世界
主義的起點。這還不清楚嗎？這就是巴巴的觀點，也是
巴巴自己的起點。巴巴在美國大喊世界主義（無論是
「本土世界主義」還是「新國際主義」），是從自身經歷

和切身感受提出的迫切要求，再加上知識份子的使命感
與批判精神的召喚，一個重要原因就是讓宗主國的人有
點兒世界主義胸懷，能夠容納越來越多的像他這樣的移
民、少數族裔，以及弱勢群體，而不是說要在第三世界
推廣世界主義，讓非洲亞洲和拉丁美洲的窮人們一股腦
兒全都拋棄國家民族，認同至今虛無飄渺的世界主義，
最切實的第一步：他們如何去世界主義？他們或者足不
能出國，或者不懂西方中心的語言，或者沒有生活保
障、文化和自由，僅僅憑著一台電視機就可以世界主義
了嗎？巴巴也來自第三世界，我們不相信他會無知到這
種程度。

　　陶東風說，民族主義超越了其「效度域限，就不再
有效甚至相當危險」，「狹隘的民族主義不僅是人類的
大敵，也是民族的大敵……（比如大日耳曼主義、大日
本軍國主義……）」，但面對現實，我們至少需要一種
「民族情懷」[11]，這種「民族情懷」不見得表現情緒化為
民族主義，它比較類似巴巴所指的「民族傳統之基
礎」，也近似於法農所說的「民族意識」：「唯一能給
予我們一種國際性視域的，是民族意識，而非民族主
義」[12]。這種民族意識，不是為了顯揚民族或種族的本
真性，不是用萬古不變的傳統去為仇外政策遮羞，更不
是蠱惑一種危及全人類的「大……主義」，而是一種權

宜之計，爲的是眞正擺脫帝國主義、「新帝國主義」和
新殖民主義的打壓與操控，爲的是保護新生的民族國家
儘快成長壯大，實現國際上國家間眞正的民主、平等和
和平，創建名副其實的「世界新秩序」。後殖民理論
「聖三一」的另一位成員史碧娃克稱之爲「策略性本質
主義」（strategic essentialism）。

　　史碧娃克明確提出一種作爲策略的本質主義，或許
是爲了重新強調其理論中的政治力量。她認爲本質主義
在很多擺脫殖民壓迫和新殖民壓迫的影響的自由鬥爭中
很有用處。她說，「我認爲我們必須再次策略地做出選
擇，不是選擇普世性話語，而是本質主義話語。（雖然）
我認爲我是一個解構主義者……實際上，我必須說我時
不時地是一個本質主義者」；在同一篇訪談中，她又
說：「我想……反對本質主義話語絕對是目標正確……
（但）策略上我們卻不能這樣」[13]。史碧娃克後來又進一
步重申：「我們可以策略地看待本質主義，不把它當成
對事物的本質的描述，而是作爲一種爲了進行批判而必
須要採取的立場」[14]。史碧娃克的論點表明：在不同的
時期，本質主義觀點的運用，或許是被殖民者獲得一種
「殖民前」文化之價值和尊嚴的新生感的必要策略，而
新出現的後殖民國家則藉以維護自身的權益，但對批評
家而言，本質主義又是一種策略性立場，採取這種立場

正是爲了對抗和抵禦強勢的壓迫性建制和話語（而非處於弱勢的邊緣性話語），是爲了對頑固的本質主義「中心」進行批判。

另外，徐賁在中國的語境下論及後現代與後殖民理論時，極力強調其對抗性或薩伊德所謂的「世俗性」，強調它們改革現實生存環境的能力，因爲「思想批判不是抽象的，它最終要落實到改變處於具體社會中的人的生存環境這個問題上來」。因此，徐賁指明中國語境下後現代後殖民討論的盲點有二：一是目前中國的後現代後殖民思想討論大都是從藝術、文化或思想角度探討，沒有「將其擴展爲具體的社會政治意識形態來討論」，因而無法「眞正了解後現代和後殖民批判理論的現實世界性」；其二，對後現代後殖民理論的介紹闡發，不在於細枝末節的照搬或牽強的模擬，而「關鍵在於把握它對現存意識形態所包含的壓迫形式的對抗意識」，因爲，「在不同的社會環境中，最突出的結構性壓迫和最迫切的社會矛盾是不同的，對抗性批評家的政治定位也不相同」[15]。後殖民理論的聲音，應該代表著弱勢群體和被壓迫人民的根本利益。陳忠等與徐賁的看法基本一致，認爲今後理論界不能再滿足於「簡單套用後殖民主義已有的論域來分析中國」，這樣才能「避免將後殖民主義變體爲簡單的大中華主義、狹隘的民族主義、封閉

的本土主義與文化保守主義」；而是要「直面中國現實問題」，「更多關注中國現實發展中的現實問題，如區域間發展不平衡、社會階層問題、城市中的下崗人群、農民及其他弱勢群體等等」，這才是後殖民在中國未來的出路[16]。而宋國誠也認爲中國語境內的後殖民理論「一方面被簡化爲呼應官方話語——『走向世界』——的介入策略，一方面被編寫成一部重返精神家園的鄉愁戀曲」，從而使得後殖民主義對中國文化建設（「文化解殖」、「文化自我形塑」）的積極意義還遠未顯現[17]。

　　其實我們很容易就可以看出，對現實中的政治經濟問題的忽視，從某種程度上說，是從後殖民主義的始源地就有的問題，而非僅僅發生在當代中國語境中。艾哈邁德、詹穆罕默德、排瑞、德里克、楊、吉爾波特等一大批學者都已對此做出了批評。在中國，遠非健康的學術生態又加上對後殖民理論的「一知半解」和「斷章取義」，引發了更多更複雜的問題。譬如民族主義問題、第三世界文化問題、「中華性」問題、甚至「失語症」問題，都與後殖民主義在中國的淺薄誤讀有著拆脫不清的干係。「桔生淮北則爲枳」。本來是反權威、反壓制、反中心的武器，到了中國卻迅速蛻變爲保守、順從的台階及發展自身「事業」和學術晉身的工具；本身就存在很多盲點的西方後殖民主義在傳到中國後更是面目

全非，更加問題重重；本身就含混矛盾的後殖民批評概念術語，在中國更被隨心所欲、望文生義地曲解和誤解；本身就在西方引發了許多激烈爭議的後殖民理論在中國語境內更是摻雜上了個人恩怨情緒和人身攻擊，將嚴肅的學術論爭貶低爲可悲可憐的當街對罵。

　　「理論是卑微的」，巴巴如是說。在仍舊（不是仍舊。是更加）充滿了航空母艦驅逐艦「愛國者」飛彈貧鈾彈隔離牆「人肉炸彈」核潛艇核彈頭的二十一世紀的今天，在借助衛星直播同步觀賞了一兩個大國對另一個小國進行的血腥屠殺（不管以什麼高尚的藉口）之後，面對著由最尖端的高科技全副武裝的國家機器和政治體制，我們深深地感到了知識份子聲音的微渺與孱弱，我們的呼籲和吶喊遭到了一貫的被藐視被哂笑的羞辱。但我們能夠因此而灰心喪氣嗎？理論的卑微不應成爲我們逃逸、順從的託辭。因爲，如果說人類還有一絲希望，如果我們還指望人類會在未來變得稍微體面一點、至少也不要比現在更加卑劣的話，知識份子就必須要不斷地吶喊、不斷地「發聲」，因爲，在這個物欲橫流的世界上，只有這個極爲渺小的群體才代表著人類早已殘缺不全的良心。

註釋

1 Ella Shohat, "Notes on the 'Post-Colonial'," in Fawzia Afzal-Khan and Kalpana Seshadri-Crooks, eds., *The Pre-occupation of Postcolonial Studies* (Durham & London: Duke University Press, 2000), p. 126.

2 Ella Shohat, "Notes on the 'Post-Colonial'," in *The Pre-occupation of Postcolonial Studies*, pp. 126, 136, 138.

3 Helen Tiffin, "Introduction," in Ian Adam and Helen Tiffin, eds., *Past the Last Post: Theorizing Post-Colonialism and Post-Modernism* (Calgary: University of Calgary Press, 1990), p. xv.

4 楊（Robert Young），《後殖民主義：歷史性導論》，轉引自布萊頓，〈後殖民主義的尾聲：反思自主性、世界主義和流散〉，《社會科學陣線》，2003，期5，頁183。

5 布萊頓，〈後殖民主義的尾聲〉，頁181、183。

6 Ania Loomba and Suvir Kaul, "Location, Culture, Postcoloniality," *Oxford Literary Review*, 16 (1994), pp. 4, 13, 14. Quoted from Benita Parry, "Directions and Dead Ends in Postcolonial Studies," in David Theo Goldberg and Ato Quayson, eds., *Relocating Postcolonialism* (Oxford: Blackwell Publishers, 2002), p. 72.

7 Benita Parry, "Directions and Dead Ends in Postcolonial Studies," in David Theo Goldberg and Ato Quayson, eds., *Relocating*

Postcolonialism (Oxford: Blackwell Publishers, 2002), pp. 66-81.

8 布萊頓，〈後殖民主義的尾聲〉，頁181。

9 Homi Bhabha, "Halfway House: Art of Cultural Hybridization," *Artforum International*, 35: 9 (May 1997), pp. 11-13.

10 霍米・巴巴，〈後殖民主義、身分認同和少數人化——霍米・巴巴訪談錄〉，《外國文學》，2002，期6，頁58。

11 陶東風，《社會轉型與當代知識份子》（上海：三聯書店，1999），頁94。

12 Frantz Fanon, "On National Culture," *The Wretched of the Earth* (New York: Grove Press, 1968), p. 247.

13 Gayatri C. Spivak, "Criticism, Feminism and the Institution," interview with Elizabeth Gross, *Thesis Eleven*, 10/11 (Nov./Mar. 1984-5), pp. 183-184.

14 Gayatri C. Spivak, *The Post-Colonial Critic: Inteviews, Strategies, Dialogues*, Sarah Harasym ed. (New York: Routledge, 1990), p. 51.

15 徐賁，《走向後現代與後殖民》（北京：中國社會科學出版社，1996），頁165。

16 陳忠、孟紅梅，〈後殖民理論的哲學反思〉，《東南學術》，2003，期1，頁137。

17 宋國誠，〈後殖民理論在中國——理論旅行及其中國化〉，《中國大陸研究》，2000，卷43，期10，頁1。

後　記

　　本書是我的博士論文〈霍米‧巴巴的後殖民理論研究〉中的一部分。我想說明，它的如期完成，並不僅僅是筆者努力的結果，而更凝聚著海峽兩岸眾多師友的關懷與心血。

　　首先感謝我的博士論文導師清華大學王寧教授。是在王老師的幫助下，我最終選定了這個論文題目，雖然在目前國內有關霍米‧巴巴的研究資料奇缺，但王老師積極地肯定了這一課題的意義和價值。也正因為如此，王老師費心安排我於2002年暑假赴美國哈佛大學和耶魯大學各大圖書館，使我有機會收集到目前在國內尚很難找到的第一手資料，在短短的二十天裡，我跑了七八所美國知名大學的圖書館，行程中留下的全是書香墨氣。也是在王老師的推薦下，我得以在座落於台灣宜蘭的佛光大學訪學半年，這不但使我開闊了學術視野、拓展了理論思路、查到了許多資料，而且親自感受到一種與我的研究題目極為相關的「後殖民氛圍」。都說王老師不

苟言笑，可王老師給予我們更多的是鼓勵與督促，少的是嚴責與苛求，這對一個像我這樣剛剛踏上學術之旅、尚未找到自信的年輕人來說不知有多麼重要。正是在王老師不斷的鞭策和鼓勵下，我的論文才能最終完成，否則，不知還要拖到什麼時候。

我感謝北京語言大學比較文學研究所的高旭東教授、甯一中教授和李慶本教授歷年來對我的指引和幫助。聽高老師的課就像欣賞一場色彩紛呈的精湛演出，他講起課來旁徵博引、聯想豐富，精妙的見解和超群的記憶力讓我們歎爲觀止。在李老師的課堂上，他常常鼓勵我們各抒己見、暢所欲言，其民主的教風讓我們感覺他既是老師，又是一位慈愛的兄長。甯一中老師雖然沒有給我們上過課，但他在我的論文開題時提出了極爲中肯的意見建議，使我的後續研究受益匪淺。另外，原北語研究生處處長李立成教授也多次給以鼓勵和關心，在此表示由衷的謝意。

我的在職單位清華大學外語系三年來給我提供了各種幫助和支持，外語系曾經贊助我的美國之行、減緩我的工作量，使我能夠集中精力完成學業。我去哈佛期間，適逢劉世生教授在那裡做爲期半年的高訪，劉老師幫助安排住宿、介紹圖書館，給予了很多急需的幫助。尤其要感謝的是人文學院副院長、外語系系主任羅立勝

教授。羅老師無論在學業上、工作上，還是在生活中，都給予我莫大的鼓勵和關懷，羅老師的言傳身教對我的一生都將產生極為重要的影響。感謝我系羅選民教授對論文框架提出的修改意見；也感謝論文的評閱專家和答辯委員會的成員們所指出的謬誤與不妥之處，以及提出的修改意見，其中要特別感謝中國人民大學金元浦教授、中國社會科學院王逢振研究員、我系陳永國教授等所提出的中肯的建設性意見。

我還要感謝時任佛光大學校長的龔鵬程教授邀請我赴台訪學半年。在佛光大學期間，龔校長給了我極大的幫助和關心，無論在研究方面還是在生活方面都儘量給我提供方便，我還有幸聆聽了龔教授的幾門課程。龔教授熱衷華人世界的學術交流，尤其是海峽兩岸的學術交流，精通中國文學、史學、哲學和經學，至今已有六十餘部專著，才華橫溢、博大精深、飲譽兩岸三地。對他那種笑談古今的淋漓暢酣、那種落拓豪放的文人氣質、那種「弘揚宋明書院精神、建樹新型人文大學」的辦學理念，至今銘念不忘。另外，我還聽過受聘佛光大學的楊松年教授（新加坡大學）、廖咸浩教授（台灣大學）的課程，都使我受益匪淺。孟樊教授為人爽快，慷慨贈書並熱情邀稿，也是本書得以在台灣面世的緣起，在此表示十分的感謝。在台期間，我還專程拜訪了後殖民理

論專家、清華大學（新竹）外文系的廖炳惠教授，廖老師盛情款待，在研究上也給予不少指點，還多次贈書，對我的論文頗有裨益。另外，香港大學比較文學系（前）系主任、佛光大學文學所黃德偉教授針對本書參考書目，提出不少建議，在此一併致謝。

在台灣的另一個收穫就是認識了許多博士班、碩士班的同學。佛光大學的張佳欣、郭素絹、徐錦成、徐時福、陳文彥，台灣大學的龔紹明、吳欣隆、吳建亨，輔仁大學的洪淑娟等同學，幫我收集資料、解決各種困難，在學習上和生活中給予我極大的關心和幫助。竹風蘭雨，歷歷如在眼前。

感謝北語的師姐張浩和師弟韋清琦，課上課後的探討交流經常給我們新的思路和靈感，生活上的互相關心和幫助也讓人溫暖感動。三年的同窗生活見證了我們之間將會永遠持續下去的珍貴友誼。

我也要感謝霍米‧巴巴本人。2002年6月，霍米應王寧教授邀請來清華大學參加學術會議並作專題演講，百忙之中接受了我的探訪，加上數次交談，使我對自己的「研究對象」獲得了十分難得的第一手資料和具體的感性印象。另外，徐賁（美）、謝少波（加）等海外華裔學者的思想對我也有很大的影響，對本書的寫作很有助益，在此向他們表示感謝。

　　這幾年我忙於學業，妻子一人承擔了幾乎所有的家務，大到裝修房子，小到洗衣做飯，爲我贏得了寶貴的時間，還要時不時忍受我的壞脾氣，是名副其實的任勞任怨，回想起來，實在愧疚。妻子也是我學術上的良伴，我的很多問題都是先同她在飯桌上討論，無形中得到很多有益的啓發。父母遠在山東，也時常電話問訊論文的進展，給我很多精神上的支持和鼓勵。這些是我特別要感謝的。

　　孟樊教授以及生智文化公司的編輯黃美雯小姐和晏華璞小姐十分關心本書的進展，數次督促，並對筆者的延遲給予諒解，十分感謝！

生安鋒

於北京西三旗

主要參考書目

中文部分

中國社會科學院語言研究所詞典編輯室編（1998），《現代漢語詞典》（修訂本），北京：商務印書館。

巴巴（Homi K. Bhabha）著，生安鋒譯（2002），〈黑人學者與印度公主〉，《文學評論》，第5期。

巴巴、生安鋒（2002），〈後殖民主義、身分認同和少數人化——霍米‧巴巴訪談錄〉，《外國文學》，第6期。

巴巴、生安鋒（2002），〈後殖民性、全球化和文學的表述——霍米‧巴巴訪談錄〉，《南方文壇》，第6期。

王岳川（1999），〈傑姆遜：面對後殖民和後現代問題〉，《教學與研究》，第5期。

王岳川（2001），〈「後學」話語與中國思想拓展〉，《天津社會科學》，第3期。

王岳川（1999），《後殖民主義與新歷史主義文論》，濟南：山東

教育出版社。

王寧（1997），〈後殖民主義理論批判──兼論中國文化的「非殖民化」〉，《文藝研究》，第3期。

王寧（1998），《後現代主義之後》，北京：中國文學出版社。

王寧（2002），〈霍米‧巴巴和他的後殖民理論批評〉，《南方文壇》，第6期。

王寧（2002），《全球化與文化：西方與中國》，北京：北京大學出版社。

王寧（2002），《超越後現代主義》，北京：人民文學出版社。

王寧（2003），〈全球化時代中國電影的文化分析〉，《社會科學陣線》，第5期。

王寧（2003），〈全球化時代的後殖民理論批評〉，《文藝研究》，第5期。

王寧（2003），《全球化：文學研究與文化研究》，桂林：廣西師範大學出版社。

王寧、薛曉源主編（1998），《全球化與後殖民批評》，北京：中央編譯出版社。

布萊頓（Diana Brydon）著，生安鋒譯（2003），〈後殖民主義的尾聲：反思自主性、世界主義和流散〉，《社會科學陣線》第5期。

伊格爾頓（Terry Eagleton）著，華明譯（2000），《後現代主義的幻象》，北京：商務印書館。

安德森（Benedict Anderson）著，吳叡人譯（2003），《想像的
　　共同體》，上海：上海人民出版社。

米切爾（W. J. T. Mitchell）著，生安鋒譯（2003），〈批評的良
　　知：紀念愛德華‧賽義德〉，《中華讀書報》，11月5日。

宋國誠（2000），〈後殖民理論在中國──理論旅行及其中國
　　化〉，《中國大陸研究》，第43卷，第10期。

汪暉、余國良編（1998），《九〇年代的「後學」論爭》，香港：
　　香港中文大學出版社。

姜飛（2001），〈後殖民理論探源〉，《文藝理論與批評》，第5
　　期。

香港嶺南學院翻譯系「文化／社會研究譯叢編委會」編
　　（1998），《解殖與民族主義》，香港：牛津大學出版社。

徐賁（1996），《走向後現代與後殖民》，北京：中國社會科學出
　　版社。

徐賁（1998），〈冷漠和不參與〉，《讀書》，第8期。

恩克魯瑪著，北京編譯社譯（1966），《新殖民主義：帝國主義
　　的最後階段》，北京：世界知識出版社。

張旭東（2000），〈知識份子與民族理想〉，《讀書》，第10期。

張順洪、孟慶龍、畢健康（1995），《英美新殖民主義》，北京：
　　社會科學文獻出版社。

盛寧（1997），《人文困惑與反思》，北京：生活‧讀書‧新知三
　　聯書店。

莫爾—吉爾波特等（Bart Moore-Gilbert et. al.）編，楊乃喬等譯
　　（2001），《後殖民批評》，北京：北京大學出版社。

陳忠、孟紅梅（2003），〈後殖民理論的哲學反思〉，《東南學
　　術》，第1期。

陳厚誠、王寧編（2000），《西方當代文學批評在中國》，天津：
　　百花文藝出版社。

陶東風（1999），《社會轉型與當代知識份子》，上海：三聯書
　　店。

博埃默（Elleke Boehmer）著，盛寧、韓敏中譯（1998），《殖民
　　與後殖民文學》，瀋陽：遼寧教育出版社。

黃文儀主編（1989），《牛津當代大詞典》，台北：旺文社。

廖炳惠（1994），《回顧現代：後現代與後殖民論文集》，台北：
　　麥田。

廖炳惠（2001），《另類現代情》，台北：允晨文化。

廖炳惠編（2003），《關鍵字200：文學與批評研究的通用辭彙
　　編》，台北：麥田。

趙一凡（1996），《歐美新學賞析》，北京：中央編譯出版社。

趙稀方（2000），〈中國後殖民批評的歧途〉，《文藝爭鳴》，第5
　　期。

劉康、金衡山（1998），〈後殖民主義批評：從西方到中國〉，
　　《文學評論》，第1期。

魯迅（1981），《魯迅全集》（第6卷），北京：人民文學出版社。

薩義德（Edward Said）著，王宇根譯（1999），《東方學》，北京：三聯書店。

薩義德（Edward Said）著，單德興譯（2002），《知識份子論》，北京：生活‧讀書‧新知三聯書店。

羅風竹主編（1994），《漢語大詞典》（第五冊），北京：漢語大詞典出版社。

英文部分

Abrams, M. H. (1999). *A Glossary of Literary Terms* (7th edition). Boston: Heinle & Heinle.

Ahmad, Aijaz (1992). *In Theory: Classes, Nations, Literatures*. New York: Verso.

Ahmad, Aijaz (1995). "The Politics of Literary Postcoloniality." *Race and Class*, 36: 3.

Ahmad, Aijaz (1997). "Postcolonial Theory and the 'Post'-condition." *Socialist Register*. London: Merlin Press.

Anderson, Benedict (1983). *Imagined Communities: Reflections on the Origin and Spread of Nationalism*. London: Verso.

Anderson, Benedict (1998). *The Spectre of Comparisons: Nationalism, Southeast Asia, and the World*. New York: Verso.

Anonymous (1999). "Bad Writing." *Change* (May/June).

Appadurai, Arjun (1990). "Disjuncture and Difference in the Global Cultural Economy." *Public Culture*, 2: 2 (Spring).

Appiah, Kwame Anthony (1991). "Is the Post- in Postmodernism the Post- in Postcolonial?" *Critical Inquiry*, 17.

Appiah, Kwame Anthony (1994). "Loyalty to Humanity." *Boston Review*, XIX: 5 (Oct./Nov.).

Appiah, Kwame Anthony (1994). "The Hybrid Age?" *TLS*, May 27.

Appiah, Kwame Anthony (1997). "Cosmopolitan Patriots." (excerpt) *Critical Inquiry*, special issue on "Front Lines/Border Posts" 23: 3 (Spring).

Arendt, Hannah (1951). *The Origins of Totalitarianism*. New York: Harcourt, Brace and Company.

Arendt, Hannah (1970). *On Violence*. New York: Harcourt, Brace and Jovanovich.

Ashcroft, Bill, Gareth Griffiths, and Helen Tiffin, eds. (1989). *The Empire Writes Back: Theory and Practice in Post-colonial Literatures*. London: Routledge.

Ashcroft, Bill, Gareth Griffiths, and Helen Tiffin, eds. (2000). *Post-Colonial Studies: The Key Concepts*. London and New York: Routledge.

Baldwin, James (1985). "Encounter on the Seine: Black Meets

Brown." In Michael Joseph, ed., *The Price of the Ticket: Collected Non-fiction, 1948-1985*. New York: St. Martins Press.

Balibar, Etienne (1995). "Ambiguous Universality." *Differences*, 7: 1 (Spring).

Baucom, Ian (1992). "Narrating the Nation." *Transition*, 0: 55.

Bellamy, Elizabeth Jane (1998). "'Intimate Enemies': Psychoanalysis, Marxism, and Postcolonial Affect." The South *Atlantic Quarterly*, 97:2 (Spring).

Belsey, Catherine (2002). "Editor's Preface." In Antony Easthope, *Privileging Difference*. Basingstock: Palgrave.

Benhabib, Seyla (1999), "Sexual Difference and Collective Identities: The New Global Constellation." *Signs: Journal of Women in Culture and Society*, 24: 2 (Winter).

Bhabha, Homi (1983). "Difference, Discrimination, and the Discourse of Colonialism." In Francis Barker et al. ed., *The Politics of Theory*. Colchester: University of Essex.

Bhabha, Homi (1984). "Representation and the Colonial Text." In Frank Gloversmith, ed., *The Theory of Reading*. Brighton: Harvester Press.

Bhabha, Homi (1986). "Foreword: Remembering Fanon: Self, Psyche and the Colonial Condition." In Frantz Fanon, *Black Skin, White Masks*, trans. Charles L. Markmann. London: Pluto

Press.

Bhabha, Homi (1989). "At the Limits: On the Power of the Text." *Artforum*, xxvii: 9 (May).

Bhabha, Homi (1990) (ed.). *Nation and Narration*. London and New York: Routledge.

Bhabha, Homi (1991). Interviewed by Brian Wallis, from "Art & National Identity: A Critics' Symposium." *Art in America* (Sept.).

Bhabha, Homi (1992). "Postcolonial Authority and Postmodern Guilt." In Lawrence Grossberg, Cary Nelson, and Paula Treichler, eds., *Cultural Studies*. New York: Routledge, Chapman and Hall.

Bhabha, Homi (1992). "Post-colonial Criticism." In Stephen Grenblatt and Giles Gunn, eds., *Redrawing the Boundaries: The Transformation of English and American Literary Studies*. New York: MLA.

Bhabha, Homi (1993). "Culture's in Between." *Artforum* (3rd anniversary issue) (Sept.).

Bhabha, Homi (1994). "Anxious Nations, Nervous States." In Joan Copjec, ed., *Supposing the Subject*. London: Verso.

Bhabha, Homi (1994). "Between Identities," interviewed by Paul Thompson. In Rina Benmayor and Andor Skotnes, eds.,

Migration and Identity (International Yearbook of Oral History and Life Stories, Vol. III). NewYork: Oxford University Press.

Bhabha, Homi (1994). "Beyond the Pale: Art in the Age of Multicultural Translation." *Artforum*, 5: 4.

Bhabha, Homi (1994). "Day by Day...with Frantz Fanon." In Alan Read, ed., *The Fact of Blackness: Frantz Fanon and Visual Representation*. London: Bay Press.

Bhabha, Homi (1994). *The Location of Culture*. London and New York: Routledge.

Bhabha, Homi (1995). "Are You a Man or a Mouse?" In Maurice Berger, Brian Wallis, and Simon Watson, eds., *Constructing Masculinity*. New York: Routledge.

Bhabha, Homi (1995). "Freedom's Basis in the Indeterminate." In John Rajchman, ed., *The Identity in Question*. New York: Routledge.

Bhabha, Homi (1995). "Unpacking My Library Again." *The Journal of the Midwest Modern Language Association*, 28: 1 (Spring).

Bhabha, Homi (1996). "Laughing Stock: Epistemological Hoax Perpetrated by New York University Professor Alan Sokal." *Artforum International*, 35: 2 (Oct).

Bhabha, Homi (1996). "Postmodernism/Postcolonialism." In

Robert S. Nelson and Richard Shiff, eds., *Critical Terms for Art History*. Chicago: The University of Chicago Press.

Bhabha, Homi (1996). "Unpacking my Library...Again." In Iain Chambers and Linda Curti, eds., *The Post-colonial Question: Common Skies, Divided Horizons*. London: Routledge.

Bhabha, Homi (1997). "Editor's Introduction: Minority Maneuvers and Unsettled Negotiations." *Critical Inquiry*, special issue on "Front Lines/Border Posts" 23: 3 (spring).

Bhabha, Homi (1997). "Halfway House: Art of Cultural Hybridization." *Artforum International*, 35: 9 (May).

Bhabha, Homi (1997). "Life at the Border: Hybrid Identities of the Present." *New Perspective Quarterly*, 14: 1 (Winter).

Bhabha, Homi (1997). "Queen's English: Ebonics, Nonstandard Vernacular or Hybridized Order of Speech." *Artforum International*, 35: 7 (March).

Bhabha, Homi (1997). "The Voice of the Dom: Retrieving the Experience of the Once-colonized." *TLS* (Aug. 8).

Bhabha, Homi (1998). "On the Irremovable Strangeness of Being Different." In "Four Views on Ethnicity." *PMLA (Publications of the Modern Language Association of America)* 113: 1 (Jan.).

Bhabha, Homi (1998). "The White Stuff: Political Aspect of

Whiteness." *Artforum International*, 36: 9 (May).

Bhabha, Homi (1999). "For Edward Said: On the 20th Anniversary of Orientalism." *Emergences*, 9: 1.

Bhabha, Homi (1999). "Liberalism's Sacred Cow." In J. Cohen, M. Howard, and M. C. Nussbaum, eds., *Is Multiculturalism Bad for Women?/Susan Moller Okin with Respondents*. New Jersey: Princeton University Press.

Bhabha, Homi (2000). "On Cultural Choice." In M. Garber, B. Hanssen and R. Walkowitz, eds., *The Turn to Ethics*. New York: Routledge.

Bhabha, Homi (2001). "Unsatisfied: Notes on Vernacular Cosmopolitanism." In Gregory Castle, ed., *Postcolonial Discourses: An Anthology*. Oxford: Blackwell Publishers.

Bhabha, Homi (2002). "A Global Measure." Presentation on the "Forum on Postcolonialism" at Tsinghua University in June 2002.

Bhabha, Homi (2002). "Minority Culture and Creative Anxiety." Web material from www.britishcouncil.org/studies.

Bhabha, Homi (2002). "Speaking of Postcoloniality, in the Continuous Present: A Conversation." In David Theo Goldberg and Ato Quayson, eds., *Relocating Postcolonialism*. Oxford: Blackwell Publishers.

Bhabha, Homi, and Sander L. Gilman (2001). "Just Talking: Tete-a-Tete." In S. I. Salamensky, ed., *Talk, Talk, Talk: The Cultural Life of Everyday Conversation*. New York: Routledge.

Brathwaite, Edward K. (1971). "Creolization in Jamaica." Extract from *The Development of Creole Society in Jamaica, 1770-1820*. Oxford: Clarendon Press.

Butler, Judith (1994). "Kantians in Every Culture?" *Boston Review*, XIX: 5 (Oct/Nov).

Castle, Gregory (2001). "Editor's Introduction: Resistance and Complicity in Postcolonial Studies." In Gregory Castle, ed. *Postcolonial Discourses: An Anthology*. Oxford: Blackwell Publishers.

Cheah, Pheng (1997). "Given Culture: Rethinking Cosmopolitical Freedom in Transnationalism." *Boundary 2*, 24: 2 (Summer).

Cheyette, Bryan (1990). "Splitting the People." *TLS (Times Literary Supplement)* (Sept.).

Chow, Rey (1993). *Writing Diaspora: Tactics of Intervention in Contemporary Cultural studies*. Bloomington: Indian University Press.

Dirlik, Arif (1994). "The Postcolonial Aura: Third World Criticism in the Age of Global Capitalism." *Critical Inquiry*, 20: 2.

During, Simon (1985). "Postmodernism or Postcolonialism?"

Landfall (Sept).

Easthope, Antony (1998). "Bhabha, Hybridity and Identity." *Textual Practice*, 12: 2 (London: Routledge).

Easthope, Antony (2002). "Bhabha." In Catherine Belsey ed. *Privileging Difference*. Basingstoke: Palgrave.

Edgar, Andrew and Peter Sedgwick, eds. (2002). *Cultural Theory: The Key Concepts*. London and New York: Routledge.

Eliot, T. S. (1949). *Notes towards the Definition of Culture*. New York: Harcourt Brace and Company.

Fanon, Frantz (1968). *The Wretched of the Earth*. Trans. Constance Farrington. New York: Grove Press.

Fludernik, Monika (1998). "Introduction." In Monika Fludernik, ed., *Hybridity and Postcolonialism: Twentieth-Century India Literature*. Stauffenburg Verlag Brigitte Narr Gmbh.

Fludernik, Monika (1998). "The Construction of Hybridity: Postcolonial Interventions." In Monika Fludernik, ed., *Hybridity and Postcolonialism: Twentieth-Century India Literature*. Stauffenburg Verlag Brigitte Narr Gmbh.

Foster, Hal ed. (1985). *Postmodern Culture*. London: Pluto Press.

Freud, Sigmund (1976). *Jokes and Their Relation to the Unconscious*. James Strachey and Angela Richards eds. James Strachey trans. New York: Pelican.

Galtung, John (1980). *Peace Problem: Some Case Studies, Essays in Peace Research*, Vol. V. Copenhagen: Christian Ejlers.

Galtung, John (1990). "Cultural Violence." *Journal of Peace Research*, 2: 3.

Gates, Henry Louis, Jr. (1991). "Critical Fanonism." *Critical Inquiry*, 17 (Spring).

Gellner, Ernest (1983). *Nations and Nationalism*. Ithaca: Cornell University Press.

Gibson, Nigel (1999). "Thoughts about Doing Fanonism in the 1990s." *College Literature*, 26: 2 (Spring).

Giddens, Anthony (1994). *Beyond Left and Right: The Future of a Radical Politics*. Stanford, CA: Stanford University Press.

Gilroy, Paul (1992). "Cultural Studies and Ethnic Absolutism." In Lawrence Grossberg, Cary Nelson, and Paula Treichler, eds., *Cultural Studies*. New York: Routledge, Chapman and Hall.

Grewal, I., and C. Kaplan (1994). *Scattered Hegemonies*. Minneapolis: University of Minnesota Press.

Guha, Ranajit, and Gayatri C. Spivak eds. (1988). *Selected Subaltern Studies*. Oxford: Oxford University Press.

Guzder, Jaswant (2001). "Book Reviews." *Transcultural Psychiatry,* 38: 3.

Hall, Stuart (1990). "The Emergence of Cultural Studies and the

Crisis of the Humanities." *October*, 53.

Hall, Stuart (1996). "When was 'the post-colonial'? Thinking at the limit." In Iain Chambers and Lidia Cuiti eds., *The Postcolonial Question: Common Skies, Divided Horizons*. London and New York: Routledge.

Herman, E., and R. McChesney (1997). *The Global Media: The New Missionaries of Global Capitalism*. London: Cassell.

Hobsbawn, Eric (1990). *Nations and Nationalism Since 1780: Programme, Myth, Reality*. New York: Cambridge University Press.

Hollinshead, Keith (1998). "Tourism, Hybridity, and Ambiguity: The Relevance of Bhabha's 'Third Space' Cultures." *Journal of Leisure Research*, 30: 1.

Howe, Stephen (1994). "Colony Club." *New Statesman & Society* (Feb. 25).

Huggan, Graham (1989). "Opting out of the (Critical) Common Market: Creolization and the Post-Colonial Text." In Stephen Slemon and Helen Tiffin, eds, *After Europe*. Sydney: Dangaroo Press.

Hutcheon, Linda (1990). "Circling the Downspout of Empire." In Ian Adam and Helen Tiffin, eds, *Past the Last Post: Theorizing Postcolonialism and Postmodernism*. Calgary: University of

Calgary Press.

JanMohamed, Abdul (1986). "The Economy of Manichean Allegory: The Function of Racial Difference in Colonialist Literature." In Henry Louis Gates Jr., ed, *"Race," Writing, and Difference*. Chicago: University of Chicago Press.

Juan, San (1998). *Beyond Postcolonial Theory*. New York: St. Martin's.

Kant, Immanuael (1987). *Critique of Judgment*. Trans. Werner Pluhar. Indianapolis: Hackett.

Kant, Immanuael (1991). "Idea for a Universal History with a Cosmopolitan Purpose." In Hans Reiss, ed, *Political Writings*. Cambridge: Cambridge University Press.

Kant, Immanuel (1991). "Perpetual Peace: A Philosophical Sketch." In Hans Reiss, ed., *Political Writings*. Cambridge: Cambridge University Press.

Katrak, Keku (1989). "Decolonizing Culture: Towards a Theory for Postcolonial Women's Texts." *Modern Fiction Studies*, 35: 1 (Spring).

Kavoori, Anandam P. (1998). "Getting Past the Latest 'Post': Assessing the Term 'Post-Colonial'." *CSMC (Critical Studies in Mass Communication)*, 15.

Kimball, Roger (2001). "The Perfect Academic: Meet Homi K.

Bhabha, Exemplar of His Age.〞 *National Review*, October 15.

Kristeva, Julia (1991). *Strangers to Ourselves*. Leon S. Roudiez trans. New York: Columbia University Press.

Leo, John (1999). 〝Tower of Pomobabble.〞 *U.S. News & World Report*, March 15.

Loomba, Ania (1990). 〝Overworlding the Third World.〞 *The Oxford Literary Review*, 13.

Loomba, Ania (1998). *Colonialism/Postcolonialism*. London: Routledge.

Loomba, Ania, and Suvir Kaul (1994). 〝Location, Culture, Postcoloniality.〞 *Oxford Literary Review*, 16.

Makos, Jeff (1995). 〝Rethinking Experience of Countries with Colonial Past.〞 Web material from http://chronicle.uchicago. edu/950216/bhabha.台灣大學龔紹明博士2002年11月提供，後查出處爲：*Chronicle*, 14: 12 (Feb. 16, 1995).

Mani, Lata (1990). 〝Multiple Mediations: Feminist Scholarship in the Age of Multinational Reception.〞 *Feminist Review*, 35.

Marrouchi, Mustapha (1998). 〝Counternarrative, Recoveries, Refusals.〞 *Boundary 2*, 25: 2.

McClintock, Anne (1992). 〝The Angel of Progress: Pitfalls in the Term ‘Post-colonialism’.〞 *Social Text*, 31/32.

McDonald, Hamish (1993). 〝India: The Parsi Dilemma: Dwindling

Community Faces Questions of Identity and Orthodoxy." *Far Eastern Economic Review* (Oct. 7).

Mishra, Vijay, and Bob Hodge (1991). "What is Post(-) colonialism?" *Textual Practice*, 5.

Moore-Gilbert, Bart (1997). *Postcolonial Theory: Contexts, Practices, Politics*. London: Verso.

Moore-Gilbert, Bart (2000). "Spivak and Bhabha." In Henry Schwarz and Sangeeta Ray, eds., *A Companion to Postcolonial Studies*. Massachusetts: Blackwell Publishers.

Nandy, Ashis (1983). *The Intimate Enemy: Loss and Recovery of Self under Colonialism*. New Delhi: Oxford University Press.

New York Times (18 November, 1998), A7.

Nussbaum, Martha (1994). "Patriotism and Cosmopolitanism." *Boston Review*, 19: 5 (Oct./Nov.).

O'Hanlon, Rosalind, and David Washbrook (1990). "After Orientalism: Culture, Criticism, and Politics on the Third World." *Comparative Study of Society and History*, 32: 2.

Papastergiadis, Nikos (1995). "Restless Hybridity." *Third Text*, 32.

Parry, Benita (1987). "Problems in Current Theories of Colonial Discourse." *Oxford Literary Review*, 9 (Winter).

Parry, Benita (1994). "Resistance Theory/Theorizing Resistance, or Two Cheers for Nativism." In Francis Barker et al. eds.,

Colonial Discourse/Postcolonial Theory. Manchester and New York: Manchester University Press.

Parry, Benita (2002). "Directions and Dead Ends in Postcolonial Studies." In David Theo Goldberg and Ato Quayson, eds, *Relocating Postcolonialism*. Oxford: Blackwell Publishers.

Pollock, Sheldon, Homi Bhabha, Carol Breckenridge, and Dipesh Chakrabarty (2000). "Cosmopolitanisms." In Carol Breckenridge, Sheldon Pollock, Homi Bhabha, and Dipesh Chakrabarty, eds., *Public Culture*, special issue on "Cosmopolitanism." 12: 3 (Fall).

Prakash, Gyan (1992). "Postcolonial Criticism and India Historiography." *Social Text*, 31/32.

Quayson, Ato, and David T. Goldberg (2002). "Introduction: Scale and Sensibility." In David T. Goldberg and Ato Quayson, eds, *Relocating Postcolonialism*. Oxford: Blackwell Publishers.

Ray, Sangeeta (1998). "The Nation in Performance: Bhabha, Mukherjee and Kureishi." In Monika Fludernik, ed., *Hybridity and Postcolonialism: Twentieth-Century India Literature*. Stauffenburg Verlag Brigitte Narr Gmbh.

Rich, Adrienne (1991). "Eastern Wartime." In *An Atlas of the Difficult World: Poems 1988-91*. New York: W. W. Norton.

Ricoeur, Paul (1994). *Oneself as Another*. Chicago: University of

Chicago Press.

Robbins, Bruce (2000). "Secularism, Elitism, Progress, and Other Transgressions: On Edward Said's 'Voyage In'." In Fawzia Afzal-Khan and Kalpana Seshadri-Crooks, eds, *The Pre-occupation of Postcolonial Studies*. Durham & London: Duke University Press.

Rose, Gillian (1995). "The Interstitial Perspective: A Review Essay on Homi Bhabha's *The Location of Culture*." *Environment and Planning D: Society and Space*, 13.

Rouse, R. (1991). "Mexican Migration and the Social Space of Postmodernism." *Diaspora*, 1.

Rushdie, Salman (1992). "In Good Faith." In his *Imaginary Homelands*. Harmondsworth: Granta/Penguin.

Sahay, Amrohini J. (1996). "The Location of Culture(book review)." *College Literature*, 23: 1 (Feb.).

Said, Edward (1978). *Orientalism*. New York: Vintage Books.

Said, Edward (1983). *The World, the Text, and the Critic*. Cambridge, MA: Harvard University Press.

Said, Edward (1989). "Representing the Colonized: Anthropology's Interlocutor." *Critical Inquiry*, 15.

Said, Edward (1990). "Third World Intellectuals and Metropolitan Culture." *Raritan*, 9: 3.

Said, Edward (1991). "Art & National Identity: A Critics' Symposium." *Art in America* (Sept.).

Said, Edward (1994). *Representations of the Intellectual: The 1993 Reith Lectures*. New York: Pantheon Books.

Sennett, Richard (1994). "Christian Cosmopolitanism." *Boston Review*, XIX: 5 (Oct./Nov.).

Seshadri-Crooks, Kalpana (2000). "At the Margins of Postcolonial Studies: Part 1." In Fawzia Afzal-Khan and Kalpana Seshadri-Crooks, eds., *The Pre-occupation of Postcolonial Studies*. Durham & London: Duke University Press.

Seshadri-Crooks, Kalpana (2000). "Introduction: At the Margins of Postcolonial Studies: Part 1." In Fawzia Afzal-Khan and Kalpana Seshadri-Crooks, eds., *The Pre-occupation of Postcolonial Studies*. Durham & London: Duke University Press.

Seshadri-Crooks, Kalpana (2000). "Surviving Theory: A Conversation with Homi K. Bhabha." In Fawzia Afzal-Khan and Kalpana Seshadri-Crooks, eds., *The Pre-occupation of Postcolonial Studies*. Durham & London: Duke University Press.

Shiva, Vandana (1988). *Staying Alive: Women, Ecology, and Development*. London: Zed Books.

Shohat, Ella (2000). "Notes on the 'Post-Colonial'." In Fawzia Afzal-Khan and Kalpana Seshadri-Crooks, eds, *The Preoccupation of Postcolonial Studies*. Durham & London: Duke University Press.

Shome, Raka (1996). "Postcolonial Interventions in the Rhetorical Canon: An 'Other' View." *Communication Theory*, 6.

Slemon, Stephen (1993). "Modernism's Last Post." In Ian Adam and Helen Tiffin, eds., Past the Last Post. New York: Harvester Wheatsheaf.

Slemon, Stephen (1994). "The Scramble for Post-colonialism." In C. Tiffin and A. Lawson eds., *De-scribing Empire: Postcolonialism and Textuality*. London: Routledge.

Slemon, Stephen (2001). "Post-colonial Critical Theories." In Gregory Castle, ed., *Postcolonial Discourses: An Anthology*. Oxford: Blackwell Publishers.

Slemon, Stephen, and Helen Tiffin (1989). "Introduction." In Stephen Slemon and Helen Tiffin, eds., *After Europe: Critical Theory and Post-Colonial Writing*. Sydney: Dangaroo Press.

Spivak, Gayatri C. (1884-5). "Criticism, Feminism and the Institution." Interview with Elizabeth Gross. *Thesis Eleven*, 10/11 (Nov./Mar.).

Spivak, Gayatri C. (1986). "Three Women's Texts and a Critique of

Imperialism." In Henry Louis Gates, Jr., ed., 'Race', Writing and Difference. Chicago: University of Chicago.

Spivak, Gayatri C. (1990). "Gayatri Spivak on the Politics of Subaltern." Socialist Review, 23: 3.

Spivak, Gayatri C. (1990). The Post-Colonial Critic: Interviews, Strategies, Dialogues. ed. by Sarah Harasym. New York: Routledge.

Tiffin, Helen (1990). "Introduction." In Ian Adam and Helen Tiffin, eds., Past the Last Post: Theorizing Post-Colonialism and Post-Modernism. Calgary: University of Calgary Press.

Tiffin, Helen (1992). "Transformative Imageries." In Anna Rutherford, K. Holst Petersen, and H. Maes Jelinek, eds., From Commonwealth to Post-Colonial. Aarhus and Sydney: Dangaroo.

Williams, Patrick, and Laura Chrisman (1994). Colonial Discourse and Postcolonial Theory: A Reader. New York: Harvester.

Wollstonecraft, Mary (1967). A Vindication of the Rights of Woman. New York: Norton.

Xie, Shaobo (1996). "Writing on Boundaries: Homi Bhabha's Recent Essays." ARIEL (A Review of International English Literature) 27: 4 (Oct.).

Young, Robert J. C. (1990). White Mythologies: Writing History and *the West*. London: Routledge.

Young, Robert J. C. (1995). *Colonial Desire: Hybridity in Theory, Culture and Race*. London: Routledge.

Zou, Lin (2000). "Radical Critisim and the Myth of the Split Self." *Criticism*, 42: 1 (Winter).

霍米巴巴 當代大師系列33

著　　者／生安鋒

出 版 者／生智文化事業有限公司

發 行 人／宋宏智

執行編輯／晏華璞

登 記 證／局版北市業字第677號

地　　址／台北市新生南路三段88號5樓之6

電　　話／(02)2366-0309

傳　　眞／(02)2366-0310

E - m a i l／service@ycrc.com.tw

網　　址／http://www.ycrc.com.tw

郵撥帳號／19735365

戶　　名／葉忠賢

印　　刷／科樂印刷事業股份有限公司

法律顧問／北辰著作權事務所　蕭雄淋律師

初版一刷／2005年1月

定　　價／新台幣200元

ＩＳＢＮ／957-818-701-7

總 經 銷／揚智文化事業股份有限公司

地　　址／台北市新生南路三段88號5樓之6

電　　話／(02)2366-0309

傳　　眞／(02)2366-0310

本書如有缺頁、破損、裝訂錯誤，請寄回更換。

版權所有　翻印必究

國家圖書館出版品預行編目資料

霍米巴巴 / 生安鋒著. -- 初版. -- 臺北市：生智, 2005
　[民94]
　　面；　公分. -- (當代大師系列；33)
　參考書目：面
　ISBN 957-818-701-7（平裝）

　1. 巴巴（Bhabha, Homi K., 1949-　）- 學術思想 2.
巴巴（Bhabha, Homi K., 1949-　）- 傳記

137　　　　　　　　　　　　　　　　93024079